Praxisleitfaden Business Planning

Thomas Schmidt

Praxisleitfaden Business Planning

Konzeption und Einsatz als finanz- und unternehmensstrategisches Planungstool

Thomas Schmidt
Managing Partner
TSM Management GmbH & Co KG
Hamburg, Deutschland

ISBN 978-3-658-20340-5   ISBN 978-3-658-20341-2   (eBook)
https://doi.org/10.1007/978-3-658-20341-2

Die Deutsche Nationalbibliothek verzeichnet diese Publikation in der Deutschen Nationalbibliografie; detaillierte bibliografische Daten sind im Internet über http://dnb.d-nb.de abrufbar.

Springer Gabler
© Springer Fachmedien Wiesbaden GmbH, ein Teil von Springer Nature 2019

Springer Gabler ist ein Imprint der eingetragenen Gesellschaft Springer Fachmedien Wiesbaden GmbH und ist ein Teil von Springer Nature.
Die Anschrift der Gesellschaft ist: Abraham-Lincoln-Str. 46, 65189 Wiesbaden, Germany

Vorwort

Dieses Buch schlägt eine Brücke zwischen dem strategischen Management auf der einen und dem Financial Management auf der anderen Seite. Aus meiner langjährigen Geschäftspraxis und einer eingehenden Recherche zum Thema Business Planning heraus hat sich gezeigt, dass es eine eklatante Lücke zwischen diesen beiden Managementdisziplinen gibt.

Die Vielfalt an Instrumenten und Methoden des strategischen Managements ist mannigfaltig und die Strategieentwicklung als „Königsdisziplin" der Topmanagementberater bietet ein breites Feld an Management Support. Im Financial Management auf der anderen Seite fokussieren sich die Methoden und Konzepte auf die Geschäftsplanung im Rahmen von Neugründungen – Business Planning als integrativer Teil einer strategischen Planung im Unternehmen fehlt ebenso wie eine methodische und praxisorientierte Vorgehensweisen zur Verknüpfung von Strategie und Business Planning. Im Ergebnis muss eine strategische Planung in einen konsistenten, fokussierten und zielgruppenorientierten Businessplan übersetzt werden, der die Financial Guideline für die kommenden Jahre und ebenso die Grundlage für das operative Financial Management mit Control-/Feedback- und Action-Management bildet.

Ziel dieses Praxisleitfadens ist es, ein konzeptionell stringentes und gleichzeitig praxisorientiertes Vorgehensmodell zu liefern, das allen an der strategischen Neuausrichtung eines Unternehmens Beteiligten einen Leitfaden für eine erfolgreiche integrative Geschäftsplanung bietet.

Hamburg, im Sommer 2019   Thomas Schmidt

Einleitung

Im ersten Schritt ist eine klare Abgrenzung zwischen strategischem und Financial Management herzustellen.

Strategisches Management ist auf die Entwicklung bestehender und die Erschließung neuer Erfolgspotenziale ausgerichtet und beschreibt die hierfür erforderlichen Ziele, Leistungspotenziale und Vorgehensweisen. Im Kern ist die strategische Planung die analytisch fundierte Formulierung der angestrebten langfristigen Zielposition eines Unternehmens und dem aus externen und internen Faktoren abgeleiteten Plan dorthin.

Demgegenüber konzentriert sich das Financial Management auf die aktuelle Steuerung des Unternehmens zur Erreichung der kurz- bis maximal mittelfristigen Ziele. Es operiert nahe am aktuellen Marktgeschehen und bildet die Grundlage für unmittelbare Managemententscheidungen.

Zusammenfassend lassen sich die Charakteristiken der beiden Managementansätze wie folgt skizzieren:

	Strategic Management	Financial Management
Fokus	Festlegung langfristige Unternehmensziele	Erreichung Jahresziele
Zeithorizont	3 bis 5 Jahre	12 bis maximal 24 Monate
Instrumente	Markt- und Kundenanalysen, Kernkompetenzen, Technology Scouting Benchmarking Portfoliomethoden Finanzierungsoptionen	Umsatz- und Produktplanung Marketing-, Service- und Vertriebsziele Kosten- und Effizienzmanagement Investitionsplan Finanzierungsplan
Financial Tools	Business Plan	Budget / Forecast / Ist

Das Business Planning ordnet sich damit konzeptionell als Financial Tool im strategi-schem Management ein und ist eindeutig abgrenzbar gegenüber den Planungsinstrumen-ten des Financial Managements.

Interessanterweise liegt der Fokus von Lehre, Forschung und Anwendung des Financial Managements eindeutig auf dessen operativen Tools und Methoden. Geprägt durch die regulativen Auflagen (Steuerrecht, Handelsrecht und ggf. Aktienrecht) und eine eher emo-tionale Nähe zum aktuellen Geschehen (Monatsergebnis, aktuelle Liquidität, Aktionen und Angebote von Wettbewerbern) ist der Rahmen von Systemen, Vorgehensweisen und Anwendungsleitlinien breitgefächert und mannigfaltig.

Demgegenüber stehen für das Business Planning als Teil des strategischen Manage-ments kaum konzeptionelle Systematiken zur Verfügung. Aufgrund der seit Jahren im Fokus stehenden weltweiten Gründungswelle ist lediglich der Bereich der Geschäftspla-nung als Teil eines Start-up-Prozesses inzwischen breit belegt mit inhaltlichen und kon-zeptionellen Anleitungen und Hilfestellungen. Die Einbindung des Financial Manage-ments in den strategischen Planungsprozess hingegen ist – wenn überhaupt – nur das finale Kapitel oder der abschließende Prozessschritt der vielfältigen Konzepte und Vorge-hensweisen im strategischen Management. Es bleibt in der Regel bei dem Hinweis, die selektierte Strategie mit Aktionen und Ressourcen zu belegen und als Teil der Implemen-tierung in Form eines Businessplans zu manifestieren.

Wenn man jedoch das Financial Management auch als einen integralen Teil des strate-gischen Managements versteht, dann entsteht ein durchgängiges und integratives Konzept, das aus seiner Systematik heraus die Grundlage für die Rolle des Financial Managers als Businesspartner des Managements legt.

Inhaltsverzeichnis

Verknüpfung strategisches und Financial Management

1

Um eine Einordnung des Financial Managements in die strategische Planung vorzunehmen, erfolgt im ersten Schritt ein grundsätzlicher Blick auf den Prozess des strategischen Managements, gefolgt von der Herleitung einer integrativen Einbindung des Financial Managements in eben diesen Prozess.

1.1 Strategisches Management

Im Rahmen eines Strategieprozesses wird sequenziell eine analytische Schrittfolge durchschritten mit dem Ziel, die erfolgversprechendste Zielposition in der Zukunft für ein Unternehmen zu identifizieren und die notwendigen Schritte und Maßnahmen auf dem Weg dorthin zu beschreiben. In dem Handbuch der britischen Regionalverwaltung ist der strategische Prozess punktgenau definiert worden: „The process and organisational arrangements which allow a business to plan for success over the long-term. By their nature, strategic plans tend to be complex in nature, i.e. multi-perspective, multi-service and multi-interest. They may require decisions to be made in the face of uncertainty or ambiguity and will certainly involve change." (Business planning and strategic management, Councillor workbook, Local Government Association, 2012).

© Springer Fachmedien Wiesbaden GmbH, ein Teil von Springer Nature 2019
T. Schmidt, *Praxisleitfaden Business Planning*,
https://doi.org/10.1007/978-3-658-20341-2_1

Auf Basis der wissenschaftlichen Vorgehensmodelle und der Projektskizzen aus der Strategieberatung lässt sich folgendes generelles Standardmodell ableiten:

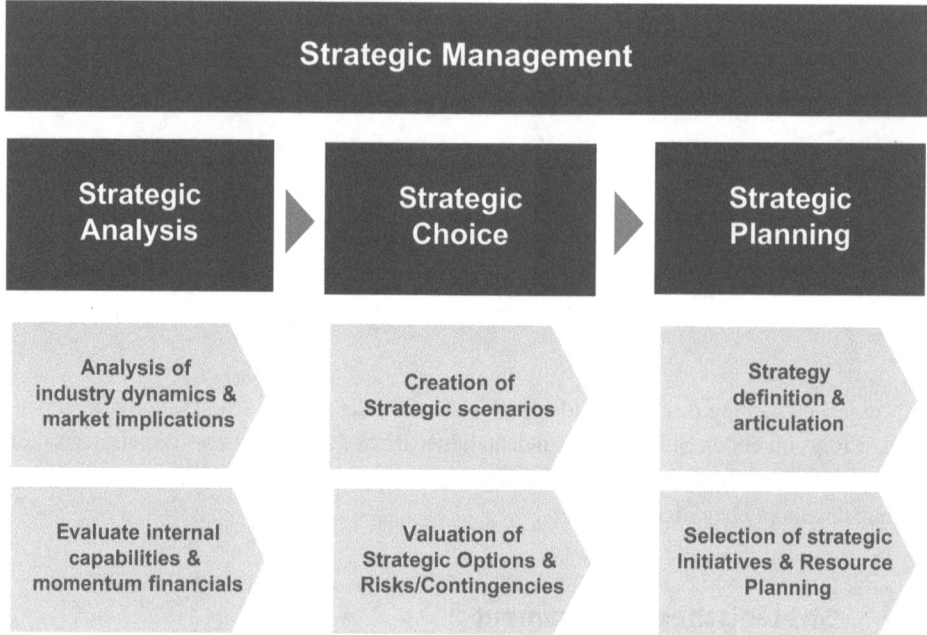

Es sei an dieser Stelle darauf verzichtet, umfassend die analytischen Modelle bzw. Analysetools für die einzelnen Elemente des Strategieprozesses zu erläutern (wie z. B. SWOT-Analyse, BCG-Matrix, McKinsey/GE Portfolio-Matrix) – diese sind in der wirtschaftswissenschaftlichen Literatur ausführlich und umfassend beschrieben.

Erstaunlich aus der Sicht des Financial Managements ist, dass im Rahmen der Beschreibung des Konzeptes des strategischen Managements und seiner Instrumente meistens nur ein lapidarer Hinweis auf die Berücksichtigung der aktuellen wirtschaftlichen Zahlen gegeben wird, verbunden mit der Schlussformel, dass eine Planung des Ressourceneinsatzes notwendig ist. Wann, wie und in welcher Form dies geschehen kann und soll, bleibt meistens vage oder unbeschrieben.

1.2   Integration des Financial Managements

Ausgehend von den beschriebenen Prozess- und Analyseschritten des Strategieprozesses lässt sich die Relevanz eines Financial Managements relativ eindeutig ableiten.

Bereits in der ersten Phase – der Strategic Analysis – bilden die historischen und aktuellen Financials die Ausgangsbasis für die Ableitung der aktuellen wirtschaftlichen Situation und die Bewertung von vorhandenen Entwicklungen. Im Falle des Vorhandenseins eines aussagekräftigen Management Reportings oder eines umfassenden MIS sind punktgenaue finanzielle Situationsbeschreibungen möglich, ebenso wie Erkenntnisgewinne historischer Entwicklungen und Trends.

Als Teil der Bewertung von strategischen Optionen (Strategic Choice) ist es immer notwendig, diese auch wirtschaftlich zu beurteilen und in den Kontext des Aktuellen zu stellen. Damit ist eine Abbildung der Szenarien in Form eines Financial Assessments unumgänglich. Insbesondere die Bewertung von disruptiven strategischen Szenarien muss vor dem Hintergrund der vorliegenden wirtschaftlichen Situation und den Folgen dieser auf den aktuellen Status analysiert werden.

Im finalen Schritt der Strategieformulierung und Determinierung (Strategic Planning) ist die Integration des Financial Managements offensichtlich, da die Aktions- und Ressourcenplanung der Strategie ihren Niederschlag in einem Businessplan finden muss. Zum einen, um die wirtschaftliche Vorteilhaftigkeit nachzuweisen, und zum anderen, um den finanziellen Rahmen für die kommenden Jahre festzulegen. Des Weiteren muss die strategische Planung mit einer vorteilhaften Wirtschaftlichkeit kommunikativ transportiert werden und bildet zwingend die Grundlage für eine Freigabe durch die Unternehmenseigentümer.

Prozessbezogen ist eine durchgängige Integration des Financial Managements in den Strategieprozess wie folgt zu verstehen:

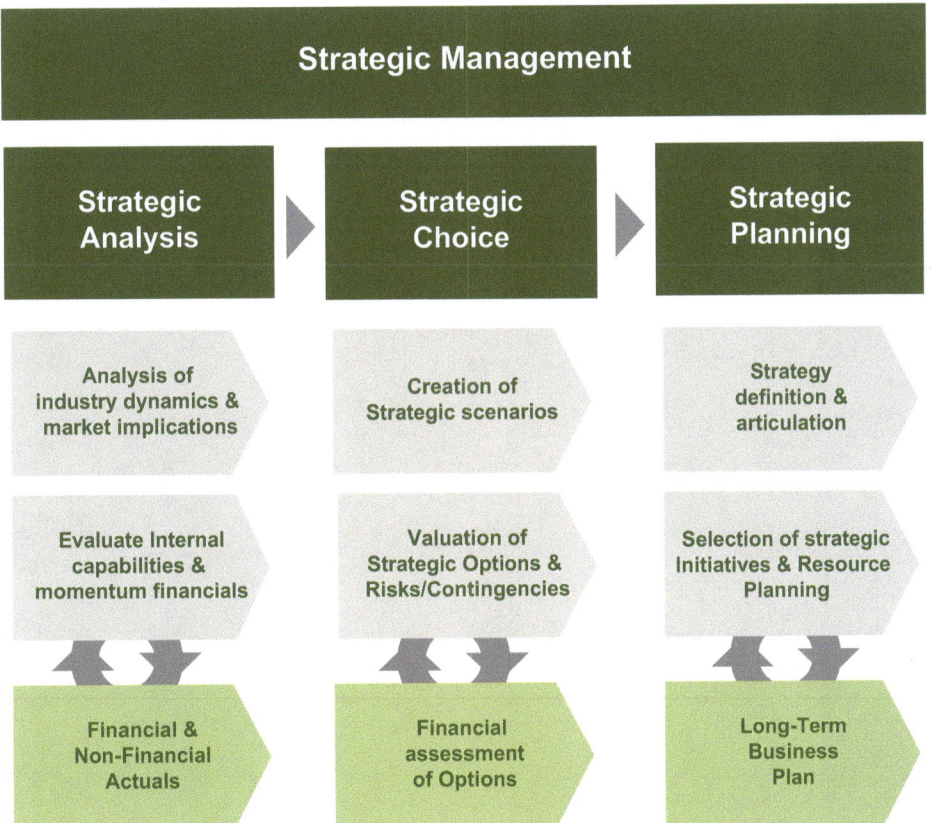

Die iterativen Kreiselemente zeigen zum einen die enge Verknüpfung mit den strategischen Prozesselementen, zum anderen die Notwendigkeit eines permanenten gegenseitigen Updates vor dem nächsten Prozessschritt. Am Ende steht ein integrativer, abgestimmter und verabschiedeter Businessplan für das Unternehmen.

An dieser Stelle sei darauf hingewiesen, dass mit dem Businessplan auch die Grundlage für das operative Financial Management gelegt ist, denn das erste Planjahr bildet im nächsten Schritt den Budgetrahmen für das kommende Kalenderjahr.

Strategisches Financial Management

2

Nachdem die grundsätzliche Einordnung des Financial Managements in die strategische Planung erfolgt ist, ist im nächsten Schritt eine inhaltliche Ausgestaltung der Vorgehensweisen des Financial Managements im Rahmen seiner Einbettung in die strategischen Prozessschritte vorzunehmen.

Die Bedeutung des Financial Managements steigt dabei im strategischem Managementprozess von Phase zu Phase. Während sich im Rahmen der Strategic Choice die Aufgabe des Financial Managements im Wesentlichen auf das Zurverfügungstellen der aktuellen Financials & Non-Financials beschränkt, ändert sich die Rolle mit Beginn der Strategic Choice. Bereits zu diesem Zeitpunkt ist es die Aufgabe des Financial Managements, erste Grundraster und Systematiken an Planungstools zu liefern, um eine Bewertung der strategischen Optionen vornehmen zu können. Mit dem Beginn des Strategic Planning übernimmt das Financial Management im Wesentlichen den Driver Seat, um die strategische Selektion fundiert mit konsistenten und abgestimmten Financials & Non-Financials abzubilden und die Implikationen für das Unternehmen und seinen finanziellen Erfolg detailliert darzustellen und zu plausibilisieren.

2.1 Strategic Financial Analysis

Ziel der strategischen Analyse ist es, ein möglichst klares, ursachen- und treiberorientiertes Bild der aktuellen Lage des Unternehmens sowie seiner Stärken und Schwächen zu erhalten und gleichzeitig mögliche zukünftige Entwicklungen von Märkten und Industrien zu antizipieren.

© Springer Fachmedien Wiesbaden GmbH, ein Teil von Springer Nature 2019
T. Schmidt, *Praxisleitfaden Business Planning*,
https://doi.org/10.1007/978-3-658-20341-2_2

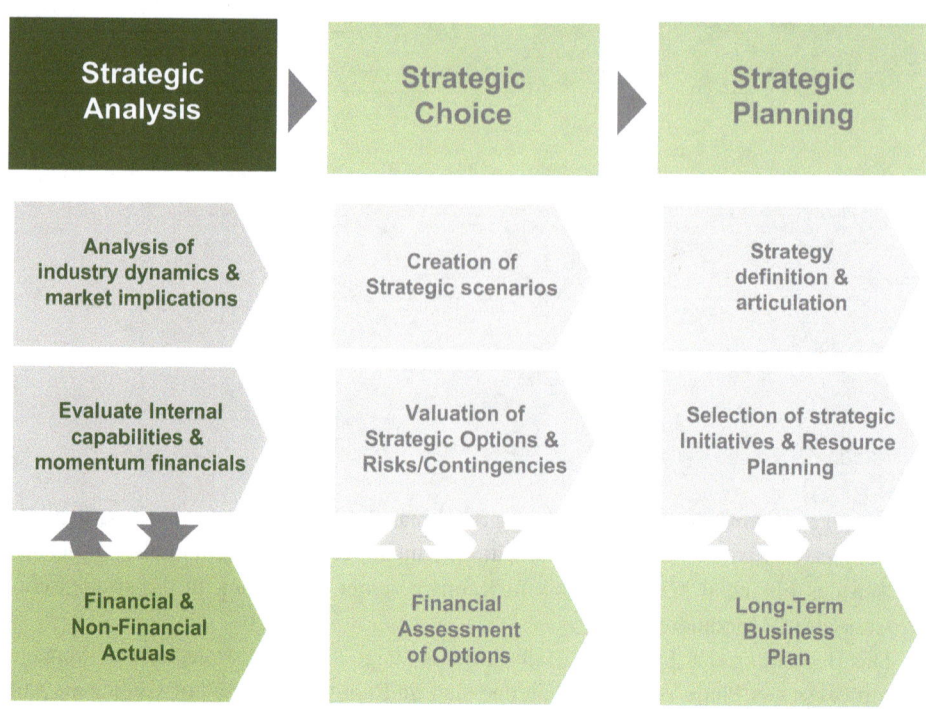

Ein wesentlicher Baustein dieser Analyse ist die Aufnahme des aktuellen Zustandes des Unternehmens im Sinne seiner Financial Performance in den letzten Perioden und des aktuellen Status. Diese Bestandsaufnahme umfasst nicht nur die Financials im Sinne von monetären Größen, sondern immer auch die Non Financials. Grundsätzlich gilt – je besser das vorhandene Management Reporting als ein Entscheidungstool ausgerichtet ist – umso leichter lässt sich eine Diagnose des aktuellen Financial Status ermitteln.

Exkurs: Financials und Non-Financials

Bevor in den kommenden Kapiteln auf die Vorgehensweise und die konkrete Art und Weise der Integration des Financial Managements in den einzelnen strategischen Entwicklungsphasen eingegangen wird, ist es notwendig, eine Grundsätzlichkeit bezüglich des Financial Managements zu erörtern.

Es ist von entscheidender Bedeutung, dass das Financial Management nicht verstanden wird als reine Abbildung oder Projektion von finanzwirtschaftlichen Werten und Zusammenhängen, sondern präzise und transparent die Werttreiber und den sich ergebenden wirtschaftlichen Folgen darstellt.

Die Integration der Non-Financials ist einer der Erfolgsfaktoren für die Güte des Financial Managements. Im Kern bestimmen die darüber abgebildeten operativen Kenngrößen aufgrund der bestehenden Wirkungszusammenhänge innerhalb einer unternehmerischen Wertschöpfungskette die monetär ausgedrückten wirtschaftlichen Ergebnisse.

Wie sollte sonst eine sinnvolle Analyse und Projektion z. B. des Umsatzes erfolgen, wenn nicht die operativen Kerngrößen Menge, Preis, Kunden, Märkte etc. berücksichtigt sind. Eine reine Finanzanalyse mit Vorjahresvergleichen und monatlichen Veränderungsraten ist nur eine deskriptive Beschreibung von numerischen Zusammenhängen, liefert aber keine systematischen, strukturierten und treiberorientierten Erkenntnisse für die Unternehmenssteuerung.

Um den Bogen noch weiter zu spannen, ist es wichtig zu berücksichtigen, dass die Integration von Non-Financials in das Financial Management nicht nur bedeutet, unternehmensinterne Non-Financials zu analysieren und auszuwerten, sondern ebenso die Informationen der externen Datenquellen, die im Rahmen der Strategic Analysis erhoben wurden, weiter zu nutzen.

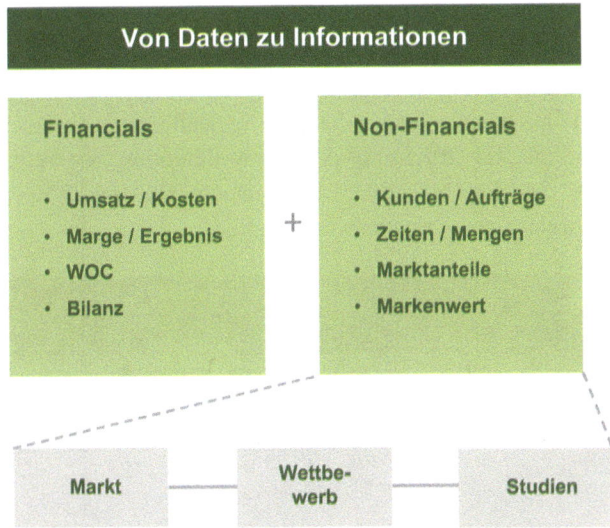

Erst die Kombination von Financials mit Non-Financials lässt aus Daten Informationen werden, die eine Grundlage für die Bewertung der aktuellen Situation bieten und eine Prognose der zukünftigen strategischen Ausrichtung sowie die Bewertung von strategischen Szenarien ermöglichen.

Die aktuellen Periodenergebnisse bilden die Basis einer jeden strategischen Planung – sie sind das Fundament des gesamten strategischen Financial-Management-Prozesses, auf deren Basis die strategischen Planungen (insbesondere der Businessplan) anknüpfen. Kein Businessplan wird einer internen oder externen Validierung standhalten, der nicht als Basis die Actuals der vergangenen Perioden enthält, da nur mit Hilfe dieser Werte Plausibilitäten vollzogen werden können und Planungslogiken nachvollziehbar sind.

Konsequenterweise ist es deshalb von außerordentlich praktischer Bedeutung, die Actuals möglichst dynamisch zu modellieren, um sie in ihrer Ordnung und Darstellung möglichst den aus dem resultierenden Businessplan Logiken anpassen zu können.

Zur Verdeutlichung dieses Aspektes ein kurzes Beispiel:

BP eCommerce		BUSINESS PLAN						
	Unit	Ist 2011 abs	Ist 2012 abs	BP 2013 abs	BP 2014 abs	BP 2015 abs	BP 2016 abs	CAGR 13-16 %
Bruttoumsatz	T€	1.585	935	2.600	8.000	11.683	17.438	+ 61%
Retouren Quote	€	52,0%	45,0%	50,0%	49,0%	48,0%	47,0%	- 2%
Nettoumsatz	T€	760	515	1.300	4.080	6.075	9.242	+ 63%
OPEX	T€	-658	-405	-909	-2.073	-2.702	-3.438	+ 39%
in %	% NU	-86,5%	-78,7%	-70,0%	-50,8%	-44,5%	-37,2%	
EBITDA	T€	-213	-260	-419	-307	115	864	

Die Anknüpfung an die vorliegenden Ist-Zahlen wird deutlich und ein erster Plausibilitäts-Check ist umgehend möglich. Allerdings ist diese Verknüpfung von Vergangenheits- und Zukunftsplanung auf einer Ergebnisebene relativ einfach – auf Umsatz/Kosten-Detailebene dagegen deutlich aufwendiger, aber umso notwendiger.

BP eCommerce		Shopmarketing					
	Unit	Ist 2011 abs	Ist 2012 abs	BP 2013 abs	BP 2014 abs	BP 2015 abs	BP 2016 abs
Marketing-Spendings	T€	-151	-95	-364	-1.081	-1.433	-1.931
Visits (Shop gesamt)	#	589.926	852.899	1.205.730	3.500.171	4.992.604	7.339.114
Conversion Rate	%	1,9%	0,9%	1,7%	1,8%	1,8%	1,8%
Orders (Shop gesamt)	#	11.199	8.047	20.545	63.003	89.867	132.104
AOV	€	142 €	116 €	127 €	127 €	130 €	132 €

Das Beispiel als Fortführung der Integration von Actuals und Plandaten auf Detailebene zeigt, dass die Konsistenz der Planung, die Nachvollziehbarkeit und die Überzeugungs-kraft um ein Vielfaches höher wird als eine reine Planung „nach vorne".

Zusammenfassend gilt für das Financial Management in der Phase der strategischen Analyse:

- Die Herleitung der finanziellen Ergebniswerte der letzten Perioden und seiner zugrunde liegenden Treiber sichert die Datenkonsistenz und Nachvollziehbarkeit.
- Auf der planerischen Detailebene ist die Bedeutung der historischen Anknüpfung noch um vieles höher.
- Actuals bilden die Grundlage für die möglichen strategischen Gestaltungsoptionen.
- Oftmals sind Vergangenheitszahlen auch entscheidend im Sinne der Kalibrierung von Planannahmen und -werten.

Neben der reinen Vor- und Aufbereitung der Financials und Non-Financials als Ausgangs-punkt bietet diese Phase dem Financial Manager auch die Chance, Erkenntnisse aus ver-gangenen Entwicklungen und Wirkungszusammenhänge mit in die Bestandsaufnahme über die aktuellen Stärken und Schwächen des Unternehmens und seiner Marktchance einzubringen.

2.2   Financial Strategic Choice Analysis

Bevor man sich detaillierter dem Thema Business Planning als Teil der Strategieauswahl (Strategic Choice) nähert, muss noch eine grundsätzliche Klärung der strategischen Rich-tung vorgenommen werden. Die Art und Struktur eines Businessplans variiert nachhaltig in Abhängigkeit von der gewählten strategischen Option.

Daneben ist zu beachten, dass in dieser Phase der strategischen Planung des Business Planning nur auf einem relativ hoch aggregierten Niveau stattfinden sollte, da es sich im Kern um eine grundsätzliche Vorauswahl der strategischen Richtung handelt, aber noch nicht um einen wohl ausformulierten und detaillierten strategischen Plan. Nichtsdestotrotz sind die treiberorientierten Wirkungszusammenhänge bestmöglich abzubilden, wenn auch in vereinfachter Form.

2.2.1   Implikationen der strategischen Optionen

Abgeleitet aus dem bunten Strauß an möglichen strategischen Optionen für ein Unterneh-men, lässt sich ein Grundraster an möglichen Handlungsalternativen ableiten:

Kontinuität		Disruption	
Fortführung der bestehenden Geschäftsfelder		**Aufbau eines neuen Geschäftsfeldes**	
Ohne wesentliche Änderungen	Improve	Eigenaufbau	Build
Neue Produkte/Märkte/Kanäle	Conquer	Zukauf	Buy
Zukauf im Geschäftsfeld	Expand	Joint Venture	Align
Rückführung auf weniger Geschäftsfelder		**Neues Geschäftsmodell**	
Abbau von Geschäftsfeldern	Re-Focus	Aufgabe der bestehenden Geschäftsfelder	Re-Invent

Kern der Strukturierung ist die Frage nach der Art der selektierten Weiterentwicklung der bestehenden Geschäftsfelder. Grundsätzlich ist die Frage zu beantworten, ob die gewählte

Strategie eine Fortführung der bestehen Geschäftsfelder ist, oder ob in disruptiver Form neue Geschäftsfelder addiert werden bzw. das Unternehmen sich ganz neu erfindet unter Aufgabe des bestehenden Geschäftsmodells. Damit sind auch die beiden Enden der strategischen Entscheidungsskala definiert – von einer fokussierten Verbesserung des Bestehenden (Improve) bis hin zur kompletten Neuausrichtung ohne Fortführung von vorhandenen Geschäftsfeldern (Re-Invent).

2.2.2 Key Target Indicators

Bevor es zu einer Bewertung und damit Auswahl von strategischen Optionen im Rahmen der Strategic Choice kommen kann, ist es wichtig, die Frage nach dem Ziel der Strategie zu stellen. Es ist immer wieder verblüffend, welche Antworten auf diese Frage folgen – von „Wir wollen besser werden" bis hin zu „Wir müssen unsere Marktposition ausbauen" sind alle Variationen möglich. Für ein Strategic Assessment sind solche Zielstellungen von keinem Nutzen. Es muss klar festgelegt werden, welche Zielgrößen aus dem großen Kanon der Financials als Indikatoren für die Bewertung herangezogen werden, um die Vorteilhaftigkeit der strategischen Alternativen herauszuarbeiten.

Es hat sich gezeigt, dass in Anlehnung an die bekannten Key Performance Indicators (KPIs) die Definition von Key Target Indicators (KTIs) von Vorteil ist. Dabei sollte es sich um ein Set von zwei bis vier Indikatoren handeln, die als Bewertungsmesslatte dienen.

Bezüglich der Auswahl der KTIs sind diverse Variationen möglich, von Umsatzwachstum (oft in der New Economy wichtig) über EBITDA als operative Erfolgsgröße (möglicherweise aufgrund eines angestrebten späteren Verkaufes auf Basis einer EBITDA Multiple Bewertung) bis hin zum Cashflow (als wesentlichen Indikator für mögliche Ausschüttungen an Gesellschafter). Zusätzlich können auch qualitative Größen Teil der KTIs (wie zum Beispiel Attraktivität als Arbeitgeber) sein. Wenn möglich, sollte auch für diese Größen eine quantitative Bewertungsgrundlage geschaffen werden, um einen Wirkungszusammenhang von strategischer Aktion zu Indikatorveränderung abbilden zu können.

2.2.3 Financial Assessment Framework

Das Financial Assessment der identifizierten strategischen Optionen findet auf einem relativen „hohen" Niveau statt, d. h. die einzelnen Businessplanelemente sind in ihrer Grundstruktur definiert, aber in der inhaltlichen Ausgestaltung nur bis zu einem gewissen Grade detailliert. So würde sich zum Beispiel eine Umsatzplanung in diesem Stadium sehr einfach herleiten aus den Basistreibern Menge und Preis. Während eine detaillierte Verknüpfung von Markt- und Wettbewerbsprognosen zur Mengenplanung demgegenüber wesentlich wichtiger ist.

2.2.4 Verknüpfung zur strategischen Bewertung

Das Financial Management liefert mit der wirtschaftlichen Bewertung der strategischen Alternativen final einen Baustein für die Gesamtbewertung dieser. Die Ergebnisprojektionen und Risikoabschätzungen werden dann im Konzert mit den anderen strategischen Bewertungsfaktoren (wie z. B. Umsetzbarkeit, Know-how Fit, Ressourcenverfügbarkeit, Commitment) in der Regel zu einem Scoring-Modell verknüpft, mit dessen Hilfe die Grundlage einer Selektion geschaffen wird.

Der Financial Manager muss in dieser Phase bereits integraler Bestandteil der Strategiefindung sein und ist derjenige, der die Bewertung der wirtschaftlichen Umsetzbarkeit von strategischen Optionen verantwortet.

2.2.5 Tipps aus der Praxis zum Financial Assessment

Ausgehend von der langjährigen Erfahrung mit dem Business Planning in dieser Phase des Strategieprozesses haben sich folgende Vorgehensweisen und Handlungsleitlinien heraus kristallisiert:

- Pragmatische Vorgehensweise, d. h. das große Ganze im Blick behalten und sich nicht in Details und Excel-Sheets zu verlieren. In dieser Phase geht es um die grundsätzlichen strategischen Richtungen, für die eine valide, aber auch grobe Abschätzung der möglichen wirtschaftlichen Effekte ausreicht.
- Die finanziellen Abbildungen sollten auf jeden Fall in vereinfachter Form erfolgen, d. h. es geht nicht darum, eine Planung im Detaillierungsgrad eines Budgets aufzustellen. Eine Gewinn- und Verlustrechnung darf in dieser Phase gerne nur die wesentlichen Erlös- und Kostenarten umfassen und sollte nicht eine HGB- oder IFRS-Struktur aufweisen.
- Der Schwerpunkt der planerischen Tätigkeit ist die Strukturierung des zukünftigen Geschäftsmodells. Dies sind zum einen die Identifikation der Treiber der erwarteten wirtschaftlichen Entwicklung und zum anderen die Frage, wie spielen die verschiedenen Geschäftsfelder zusammen. Diese einmal gelegte Struktur sollte auch die Grundlage für die Weiterentwicklung in den nächsten Phasen des Businessplans sein.

2.2.6 Rolle des Financial Managers

Im Rahmen des Strategieprozesses ändert sich die Rolle des Financial Managers kontinuierlich.

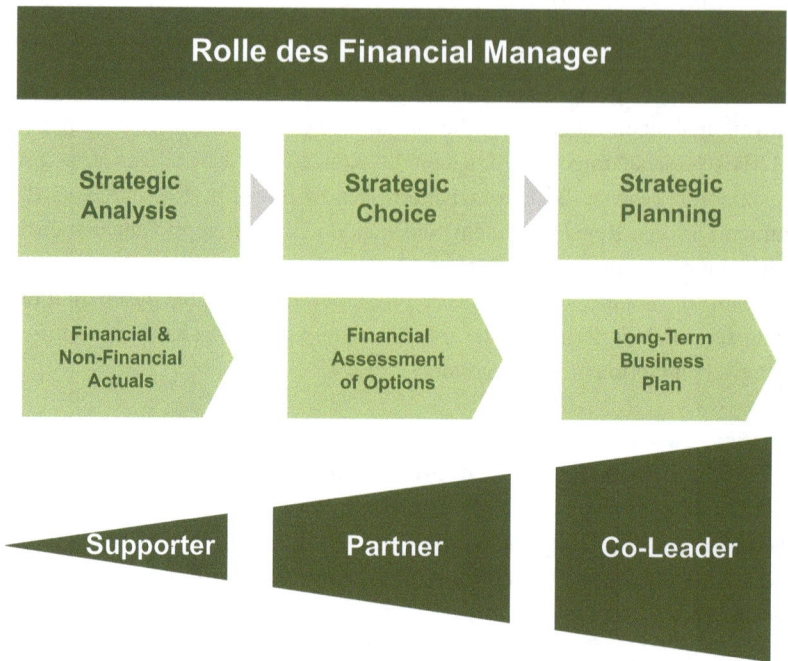

Zu Beginn des Prozesses ist der Financial Manager in der Rolle des Zuarbeiters im Sinne der Lieferung von Actuals und dem Non-Financial Framework. Mit der Strategic Choice wandelt sich aufgrund der Bedeutung der Financial Results im Rahmen der strategischen Auswahl die Rolle des Financial Managers hin zu einem Partner des Projektmanagers der strategischen Planung. Nach der Auswahl der Strategic Choice und damit folgend der Umsetzung in einen konkreten und strukturierten Business Plan ist der Financial Manager einer der Leader des Prozesses. Bei ihm laufen alle Informationen der strategischen Planungsprozessschritte zusammen und er muss die Transformation in einen Businessplan führen und gestalten. In dieser Phase entstehen weitere Entscheidungssituationen bezüglich der Struktur, der Module und der Gesamtdarstellung des Businessplans, die nur der Financial Manager vorbereiten und klären kann. Bis der Businessplan das Prädikat „final" bekommt, werden diverse Iterationen durchschritten – zum einen zur Validierung der Annahmen und Kalkulationen, zum anderen zur Variation von erwarteten möglichen anderen Ausprägungen von Markt-, Kunden und Wettbewerbsreaktionen.

2.3   Strategic Planning gleich Businessplan

In der finalen Phase des Strategic Planning – nachdem die Wahl der strategischen Handlungsalternative getroffen wurde – gilt es diese Auswahl möglichst nachvollziehbar und mit allen Bestandteilen in einen Businessplan umzusetzen.

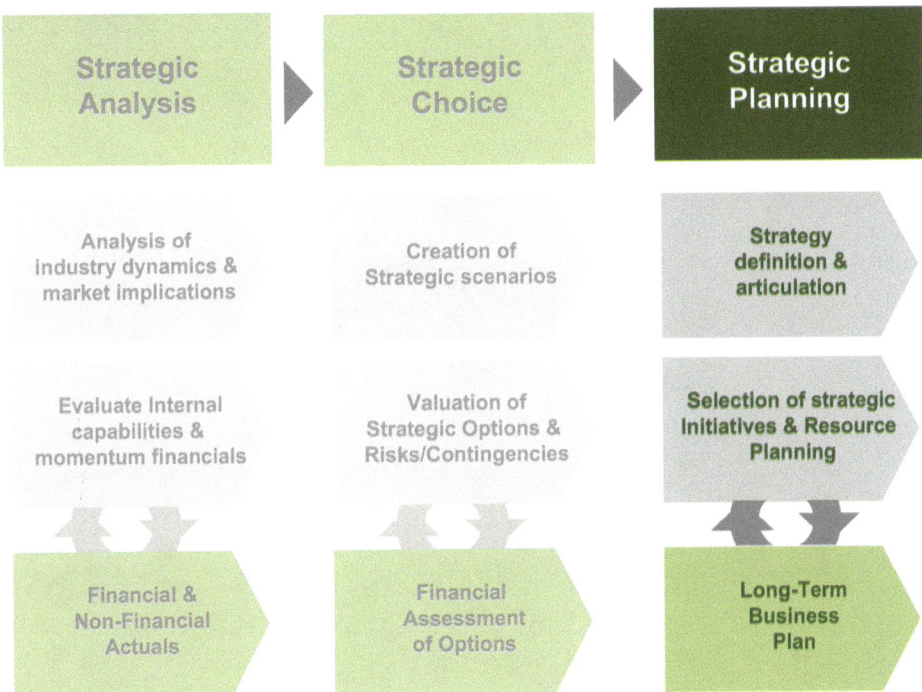

Ziel eines jeden strategischen Planungsprozesses ist es, am Ende eine wirtschaftliche Abbildung der zu erwartenden finanzwirtschaftlichen Entwicklung der kommenden Jahre auf Basis der gewählten strategischen Selektion zu entwickeln – den Businessplan.

Vorgehensmodell für einen Businessplan 3

Der Businessplan ist eine Mehrjahresplanung der Gewinn- und Verlustrechnung sowie der Finanzierungsplanung (und ggf. auch eine bilanzielle Planung) und berücksichtigt alle wesentlichen Einflussfaktoren. Er spiegelt die erwartete wirtschaftliche Entwicklung des Unternehmens für die kommenden drei bis fünf Jahre wider und gibt Auskunft über den notwendigen Ressourcenbedarf zur Umsetzung der gewählten Strategie.

Aus der Erfahrung heraus ist es in der Regel sinnvoll – im Sinne der Qualität und Nachvollziehbarkeit – den finalen Business Case neu aufzusetzen und nicht die vorhandenen Vorkalkulationen aus dem Financial Assessment zu erweitern. Ansonsten besteht die Gefahr, dass sich Fehler einschleichen oder bereits im Modell vorhandene Berechnungsformeln und Verknüpfungen über Kalkulationsblätter hinweg nicht oder falsch aufgelöst werden.

© Springer Fachmedien Wiesbaden GmbH, ein Teil von Springer Nature 2019
T. Schmidt, *Praxisleitfaden Business Planning*,
https://doi.org/10.1007/978-3-658-20341-2_3

Business Plan Output

GuV

Bilanz

Investitionen

Finanzplan

Entscheidend ist bei der Businessplanentwicklung, dass die finanzwirtschaftlichen Outputs nur das Ergebnis aller wirtschaftlichen Vorkalkulationen sind. Die Herleitung und die Abbildung von Abhängigkeiten und Wirkungszusammenhängen sind der eigentliche Kern des Business Planning.

Für die Entwicklung des Businessplans hat sich aus der Erfahrung das folgende Vorgehensmodell als optimal herausgestellt:

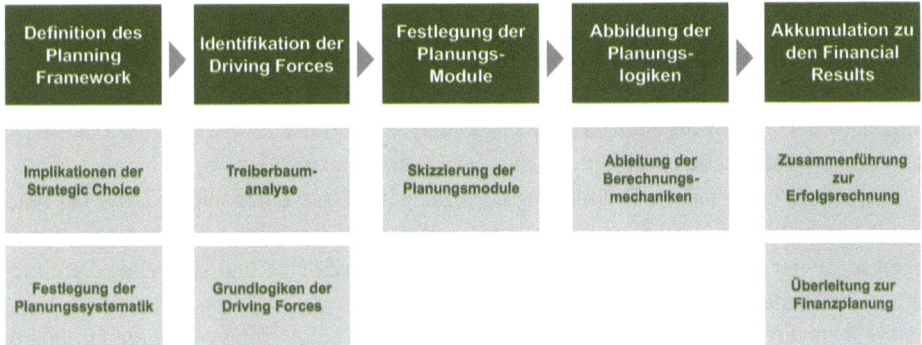

Das Vorgehensmodell legt die Schrittfolge der Realisierung eines Businessplans fest und folgt dabei dem Gedanken einer stufenweisen Detaillierung.

3.1 Definition des Planning Frameworks

Auf Basis der strategischen Planung muss der generelle Rahmen für den Businessplan abgeleitet werden, d. h. in welcher Grundstruktur erfolgt die Modellierung. Inhaltlich müssen folgende grundsätzlichen Alternativen geklärt werden:

- eine Business Unit oder multiple Units mit Konsolidierung
- neue oder Wegfall von Business Units
- neue oder Wegfall von Märkten/Produkten/Vertriebskanälen
- welche Variabilität bezogen auf optionale Märkte/Produkte/Vertriebskanäle oder Business Units soll/sollen möglich sein

Die Beantwortung dieser Fragen hat einen nachhaltigen Einfluss auf die Struktur und Funktionalität des Businessplans.

3.1.1   Implikationen der Strategic Choice

Innerhalb der beiden Strategiestränge differenzieren sich die möglichen Optionen nach der Art der strategischen Zielrichtung und der Umsetzungsform/art.

Die relativ unveränderte Fortführung der bestehenden Geschäftsfelder (*Improve*) führt aus Business Planning-Sicht zu einer Fortschreibung der vorhandenen Planungssystematiken mit einer zeitlichen Ausweitung des Planungshorizontes und ggf. einer Vereinfachung der Planungssystematiken.

Wenn neue Produkte/Märkte/Kanäle angegangen werden sollen (*Conquer*), ändern sich die Anforderungen an das Financial Management signifikant. In diesem Fall gilt es die Treiberzusammenhänge in diesem neuen Feld herauszuarbeiten und abzubilden und diese gleichzeitig in die bestehenden Steuerungssystematiken zu integrieren. Bereits bei dieser strategischen Option sind umfassende Planungsarbeiten zu leisten, als Beispiel dazu sei der Aufbau eines Onlinekanals genannt, mit komplett anderen Wirkungszusammenhängen als bei traditionellen Vertriebskanälen (seien es direkte oder indirekte Vertriebsformen). Diese strategische Optionsform stellt damit die größte Herausforderung an das Financial Planning.

Komplett anders sind die Anforderungen im Falle eines Zukaufes (zum Beispiel eines Wettbewerbers) in einem bereits bestehenden Geschäftsfeld (*Expand*). Hier muss eine additive Planung erfolgen, die zum einen die Strukturen auf die vorhandenen Planungssystematiken transponiert und zum anderen finanziell die Implikationen auf Seiten der Unternehmensstrukturen widerspiegelt.

Sollte es zum Re-Focus kommen, d. h. der Abbau von Geschäftsfeldern mit dem Fokus auf die verbleibenden Geschäftsfelder, so ist dies planerisch relativ einfach abzubilden. Es muss allerdings darauf geachtet werden, dass der Verkauf bzw. die Schließung sowie die Folgen für die Auslastung der Unternehmensstrukturen in Form der korrespondierenden Kosten auch im Plan abgebildet werden.

Zusammenfassend lassen sich die Implikationen der strategischen Optionen aus einer Strategie der Kontinuität wie folgt darstellen:

Kontinuität		
Implikationen für das Business Planning		
Ohne wesentliche Änderungen	**Improve**	**Mittelfristige Fortschreibung der bestehenden Planungssystematik**
Neue Produkte/Märkte/Kanäle	**Conquer**	**Neue Planungsstrukturen in die bestehende Systematik integrieren**
Zukauf im Geschäftsfeld	**Expand**	**Additive Planung mit Integration in die bestehende Unternehmensstruktur**
Abbau von Geschäftsfeldern	**Re-Focus**	**Finanzielle Wirkung des Verkaufs/der Schließung und auf die Auslastung der Unternehmensstrukturen**

Im Falle einer disruptiven strategischen Grundausrichtung sind die Implikationen auf das Business Planning deutlich gravierender, da komplette Geschäftsfelder neu hinzukommen oder sogar das Geschäftsmodell grundsätzlich geändert wird.

Disruption		
Implikationen für das Business Planning		
Eigenbau	**Build**	**Neue additive Planungssystematiken, Investitions- und Finanzplanung**
Zukauf	**Buy**	**Neue additive Planungssystematiken, Integration und Finanzplanung**
Joint Venture	**Align**	**Neue additive Planungssystematiken, Investitions- und Finanzplanung in Abstimmung mit dem Partner**
Aufgabe aller Geschäftsfelder	**Re-Invent**	**Finanzielle Wirkung des Verkaufs/der Schließung und komplett neue Planungssystematiken**

Generell gilt, dass ein neues Geschäftsfeld eine komplette neue Planungssystematik erfordert, die grundsätzlich neu aufzubauen ist und zu den bestehenden Geschäftsfeldern additiv hinzugefügt werden muss.

Im Falle eines Eigenaufbaues (*Build*) kommt hinzu, dass dieser Neuaufbau als Investition zu behandeln ist und sowohl entsprechendes Kapital als auch Know-how in diese Planung einfließen müssen. Dem Charakter nach handelt es sich um eine „klassische" Investitionsplanung mit den entsprechenden Anforderungen.

Sollte aus strategischen Gründen die Realisierung durch einen Zukauf erfolgen (*Buy*), so kommen planerisch zusätzlich die Themen Finanzierung und Integration als weitere Herausforderungen hinzu.

Bei der Option eines Joint Ventures als Eintrittsstruktur in ein neues Geschäftsfeld (*Align*) entstehen neben den beschriebenen Anforderungen der Build Option auch die zusätzlichen Abstimmungen mit dem Partner. Dies ist nicht nur eine Herausforderung aus gesellschaftsrechtlicher Sicht, sondern natürlich auch für die unternehmerische und planerische Ebene, denn am Ende wird über einen gemeinsamen Plan abgestimmt und dieser muss dann auch gemeinsam finanziert und umgesetzt werden.

Bei einer radikalen Disruption mit der Aufgabe aller bisherigen Geschäftsfelder und dem Start mit einem komplett anderen Geschäftsmodell (*Re-Invent*) sind planerisch ehrlicherweise zwei Planungen vonnöten. Zum einen die Abwicklungsplanung der bisherigen Geschäfte und zum zweiten eine Planung des neuen Geschäftsmodells auf Basis der dann gültigen Wirkungszusammenhänge und Abhängigkeiten.

Die Aussagen zu den Planungsimplikationen betreffen dabei nicht nur das Financial Assessment der strategischen Optionen, sondern sind genauso gültig für den dann final zu generierenden Businessplan.

3.1.2 Festlegung der Planungsfunktionalitäten

Bei der Festlegung der Planungsfunktionalitäten handelt es sich um die Anforderungen, die der Businessplan im Sinne seiner modellbezogenen Funktionen und Möglichkeiten haben soll bzw. muss. Dies sind die grundsätzliche Anforderungen an die Ausrichtung der Modellierung an sich und nicht die Klärung von spezifischen Planungslogiken und Berechnungsmodalitäten.

Es sind folgende grundsätzliche Anforderungen an die Funktionalitäten eines Businessplans zu prüfen und zu bewerten:

Funktionalitäten	
Verknüpfung	Zusammenhang herstellen mit den strategischen Entwicklungserwartungen aus der strategischen Analysis
Flexibilität	Durchführung von Scenario Analysen zur Bewertung und Beurteilung der strategischen Optionen und deren möglichem Risiko
Modularität	Optionale Integration von additivne Geschäftsfeldelemente (in Abhängigkeit der Art der gewählten strategischen Option)
Separierung	Wirtschaftliche Separierung der einzelnen Geschäftsfelder/Business Units, um eine singuläre Beurteilung dieser zu ermöglichen

Die generellen funktionalen Anforderungen lassen sich wie folgt in ihrer Transformation auf das Business Planning verdeutlichen.

Verknüpfung

Die Verknüpfung der Unternehmensplanung mit den zu erwartenden Umwelt-/Marktgeschehnissen ist eine entscheidende Funktionalität des Businessplans. Für das Financial Planning bedeutet dies, mögliche Entwicklungen jedweder Couleur numerisch abzubilden. Diese sind insbesondere:

- Marktentwicklungen (Volumen, Wert, Preis, Geographik)
- Produktentwicklungen (Leistungsart, Leistungsform, Produktmix)
- Gegebenenfalls Kundenentwicklungen als weitere Marktdetaillierung (Segmentierung, Anteiligkeiten, Verhaltensänderungen)
- Wettbewerbsentwicklungen (Anteile bestehender Wettbewerber, Eintritt neuer Wettbewerber)
- Vertriebskanalverteilungen (Anteilsveränderungen, neue Kanäle)

Ohne einen abschließenden Charakter zu haben, sind die in der Aufzählung genannten Aspekte in der Regel diese Arten von Planungen, als Teil eines Businessplans, aufzubauen und mit den unternehmerischen Detailplanungen zu verknüpfen.

Flexibilität

Es ist immer zu prüfen, inwieweit Interdependenzen zwischen Entwicklungsschritten der Umwelt-/Marktgeschehnisse und unternehmerisch strukturellen Anforderungen bestehen. Der Businessplan muss diese Interdependenzen abbilden, zumindest in grundsätzlicher Form und über einfache Wirkungszusammenhänge. Ein illustratives Beispiel ist die Abhängigkeit der Kapazität eines Callcenters von der Anzahl der Neu- und Bestandskunden. Bei Marktanteilsvariationen im Rahmen des Financial Assessments müssen sich dann konsequenterweise die Kostenstrukturen des Callcenters entsprechend dynamisch mitverändern.

Auch wenn der Anspruch der Flexibilität richtig und wichtig ist, so gilt es diesen nicht zu weit zu treiben. Ein Modell mit einer zu hohen Zahl an Treibern und den damit einhergehenden Wirkungsketten zu versehen, ist aus der Erfahrung heraus nur schwer zu managen und verlagert den Fokus zu sehr auf die Modellierung, der aber auf den inhaltlichen wirtschaftlichen Bewertungen liegen sollte.

Modularität

In allen Fällen von additiven oder disruptiven strategischen Optionen sollten diese als separate Planungen dargestellt und nicht in bestehende Planungssystematiken integriert werden. Die Fortführung der bestehenden Geschäftsfelder bildet in der Regel den Basis Case der mittelfristigen Planung und die Veränderungen werden häufig im Vergleich zu diesem gesehen. Deshalb muss diese Planung separat stehen und alle inhaltlichen und strukturellen Veränderungen „zuschaltbar" sein. Das heißt, dass man schrittweise bewerten kann, welche wirtschaftlichen Implikationen eine Entscheidung für eine der strategischen Veränderungen hat. Zu berücksichtigen ist dabei, dass die aktivierten

Planungsmodule ggf. auch Einfluss auf die Planung der Basisstruktur (Kosten und Investitionen) haben können und somit entsprechend abgebildet sein müssen.

Separierung

Ausgehend von dem Gedanken der Modularität ergibt sich die Anforderung der Separierung, d. h. eine möglichst separate Darstellung der Wirtschaftlichkeit der neuen Geschäftsfelder/Business-Units. So kann man bewerten, ob und inwieweit diese Option singulär vorteilhaft ist beziehungsweise welche Ressourcen aus dem Basisgeschäft notwendig sind, um dieses Geschäft investiv zu unterstützen.

Zusätzlich ermöglicht die Separierung die Vergleichbarkeit der neuen Geschäftsstruktur gegenüber einer Fortführung des Basisgeschäftes..

3.1.3   Anwendung der Planning Frameworks

Zur Verdeutlichung der Anwendung der Ableitungen aus einer Strategic Choice und den Planungsfunktionalitäten ein kurzes Beispiel.
    Rahmendaten des Cases:

- Unternehmenszweck:
  Betrieb von Internetportalen als Brücke zwischen Anbietern und Nachfragern für B2C- und C2C-Transaktionen
- Erlösgenerierung:
  Wesentliche Erlöspositionen sind Verkaufsprovisionen von den Anbietern (Verkäufern) und Werbeeinnahmen der Portale
- Aktuelle Marktposition:
  Insgesamt drei Portale sind in Betrieb
  - Portal A ist Marktführer in seinem Segment/im nationalen Markt
  - Portal B ist im zweiten Betriebsjahr und hat Marktposition drei in beiden Märkten erreicht
  - Portal C ist vier Jahre in Betrieb und hat es bisher nicht in die Top drei seines geografischen Marktes geschafft
- Märkte
  Bisher nur Deutschland und Österreich (deutschsprachig)

Als strategisches Ziel wurde ein Single KTI definiert, nämlich die Verbesserung der EBITDA-Marge von heute 15 % auf 25 % innerhalb von drei Jahren mit der Restriktion keiner signifikanten zusätzlichen finanziellen Mittel.
    Die Strategic Analysis hat ergeben, dass das Unternehmen folgende strategische Optionen hat:

- Ausbau der Marktführerschaft von Portal A durch verstärktes Marketing und Verbesserung der technischen Portalfunktionen

- Etablierung des marktführenden Portals A auf einem neuen Markt (Frankreich)
- Zukauf von zwei kleineren Anbietern für das Portal B als Anschub zur Erreichung einer signifikanten Marktposition
- Prüfung bzgl. der Schließung des Portals C

Ausgangspunkt bildet die bestehende Planungssystematik für die Unternehmung im Hinblick auf die zugrunde liegenden Treibersystematiken und Wirkungszusammenhänge.

Auf Basis der dargestellten strategischen Optionen lassen sich strukturell die entsprechenden Anforderungen an das Financial Assessment ableiten:

Strategische Optionen im Match mit den Financial Assessment Anforderungen			
Portal A	Erhöhung Marketing Spendings	Improve	**Verknüpfung** Marktanteile mit Marketing Spendings auf Basis des ermittelten Wirkungszusammenhanges aus der strategischen Analysis
Portal A	Aufbau Frankreich	Conquer	**Separate** Planung des neuen Marktes als eigenes Modul mit allen Anlaufkosten und dem Regelbetrieb
Portal B	Zukauf weitere Anbieter	Expand	**Additive** Planung der Zukäufe innerhalb des Modul Portal B mit Abbildung der Synergien und dem Impact auf die Group Services
Portal C	Schließung	Re-Focus	**Separate und modulare** Planung der Schließung mit allen Schließungskosten und dem Impact auf die Group Services

Wichtig ist es, diese Überlegungen vor dem Beginn der Entwicklung eines Businessplanmodells vorzunehmen, um nicht im Nachhinein komplexe und zeitraubende Anpassungsmaßnahmen implementieren zu müssen.

3.2   Identifikation der Driving Forces

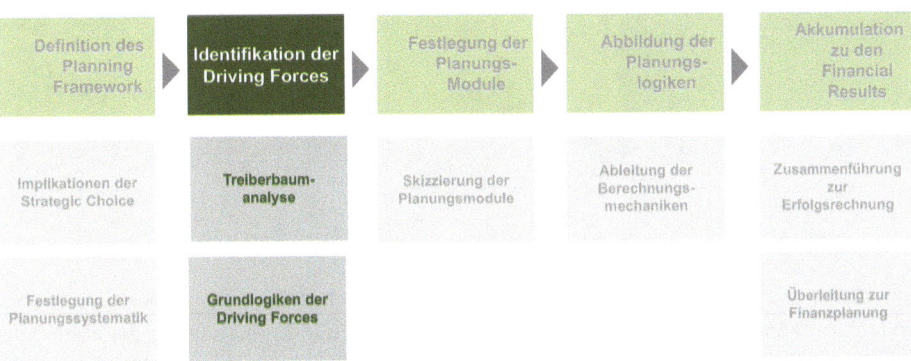

Die strategische Analyse und Selektion sollte die Grundlage für die Identifikation der wesentlichen Inputparameter bilden. Ausgehend davon lässt sich ableiten, welche Parameter

entscheidend für den wirtschaftlichen Erfolg bei der Umsetzung der Strategie von Bedeutung sind. Die KTIs (Key Target Indicators) sind dabei die entscheidenden Ergebnisgrößen, die den Ausgangspunkt für die Identifikation der Driving Forces bilden.

3.2.1 Treiberbaumanalyse

Generell gibt es naturgemäß klare und einfach ableitbare Zusammenhänge von Financials
und korrespondierenden Non-Financials, so z. B. Menge und Preis bei einer Umsatzana-
lyse. Um für alle identifizierten Beobachtungsfelder bzw. Indikatoren Klarheit bzgl. ihrer
Werttreiber und Interdependenzen zu erhalten, hilft es, eine Treiberbaumanalyse anzu-
wenden. Treiberbaumanalyse heißt, ausgehend von der Ergebnisgröße die beeinflussen-
den Eingangsgrößen immer weiter zu spezifizieren und zusätzlich ggf. auch den Werte-
zusammenhang durch die anzuwendende Rechenoperation wiederzugeben. Die Systematik
der Treiberbaumanalyse basiert auf dem bekannten Du-Pont-Schema ohne die Einschrän-
kung auf rein monetäre Größen.

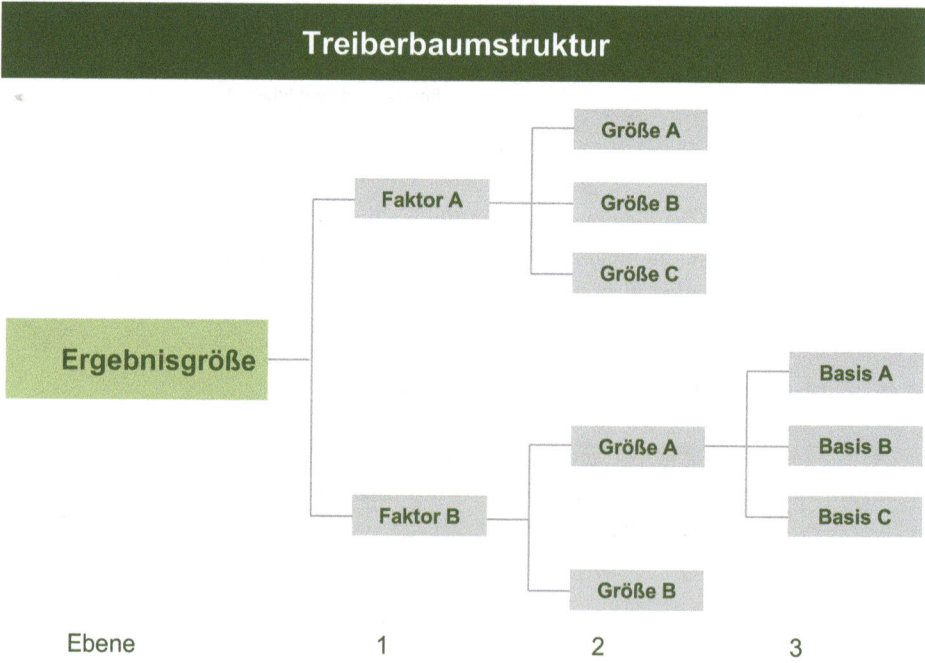

Der immer wieder interessante Effekt der Treiberbaumanalyse ist, dass durch seinen
systematischen Zwang alle am strategischen Prozess Beteiligten dazu angehalten werden, konzentriert und strukturiert die jeweiligen Größen in ihre wesentlichen Treiber zu
zerlegen und dabei alle Wertformen (Menge, Zeit, Wert, Anzahl etc.) zu berücksichtigen. Es ist dabei durchaus erlaubt (und manchmal auch notwendig), mehrere mögliche

Treiberzusammenhänge zu entwickeln und in einem weiteren Schritt mit Hilfe einer Sensitivitätsanalyse zu prüfen, welche Einflussfaktorenkette den gesuchten Wirkungszusammenhang besser widerspiegelt (zur Anwendung der Treiberbaumanalyse siehe Schmidt 2016, S. 13 ff.).

Der Einsatz von Treiberbäumen ist in allen Phasen des Strategic Management hilfreich und ermöglicht es, konzeptionelle Zielsetzungen oder Aussagen auf der Metaebene im Rahmen der Strategieselektion zu operationalisieren und die Möglichkeit einer transparenten Abbildung im Financial Management zu schaffen.

3.2.2 Grundlogiken der Driving Forces

Driving Forces heißt, es sind die oder der Treiber, der/die im Wesentlichen die zu erwartenden wirtschaftlichen Ergebnisse beeinflussen bzw. die zukünftige Entwicklung maßgeblich prägen werden. Grundlage für die Identifikation bilden die Ergebnisse der Treiberbaumanalyse, die nachvollziehbar und transparent die wesentlichen Driving Forces widerspiegelt. Wichtig ist dabei zu beachten, dass es sich um Inputgrößen handelt, die die entsprechende Wichtigkeit haben. Der mögliche Einfluss auf bestimmte Ergebnisgrößen (z. B. den Cashflow) ist dabei nicht als treibender Businessplanfaktor anzusehen.

Beispielhaft seien mögliche Driving Forces im Folgenden einmal dargestellt:

- Bei strategischen Optionen basierend auf der Installation von technischen Systemen oder dem Aufbau von Verkaufsstellen ist der entsprechende Rollout – definiert über die Zeitachse – eine der wesentlichen Driving Forces
- Im Falle von strategischen Optionen mit Produkt- und Marktsegmentausweitungen spielt die Kombination aus Marktentwicklung, Wettbewerber und Kundenzahlen eine zentrale Rolle
- Wenn Kostensenkungsstrategien im strategischen Assessment evaluiert werden, so ist in der Regel die Anzahl der Mitarbeiter bzw. der korrespondierende Abbauplan auf der Zeitachse eine der treibenden Größen
- Sollten technische Neu- oder Weiterentwicklungen der Produkte oder Dienste den strategischen Erfolg determinieren, so sind Launchkalender und Releasedaten die entscheidenden Parameter für den Case

An dieser Stelle nochmals der Hinweis, dass auch im Falle eine Kontinuität des Geschäftsmodells ohne weitere andere strategische Optionen (Improve) die Driving Forces für eben dieses Geschäftsprinzip zu identifizieren sind. So lässt sich für diesen Fall relativ einfach und nachvollziehbar aufzeigen, in welchem Umfang das wirtschaftliche Ergebnis bei Schwankungen der Kernparameter variieren kann.

Im der nächsten Stufe sind die Driving Forces darauf zu untersuchen, welcher Grundlogik sie folgen, d. h. in welcher Form Inputparameter miteinander verknüpft sind, um sie kalkulatorisch abzubilden. Dabei handelt es sich um alle relevanten Größen, die auf diese

Driving Force wirken, insbesondere auch um die Non-Financials. Vereinfacht sind es i. d. R Mengen- und Wertparameter, die in Kombination zu Zwischengrößen oder Ergebnisgrößen führen.

Zur Illustration ein vereinfachtes Beispiel – Driving Force „Marktanteil"
Relevante Inputparameter:

- Marktgröße (Menge)
- Wettbewerber (Anzahl)
- Historische Marktanteile (%)
- Historische Werbespendings pro Wettbewerber (Währung oder %)
- Erwartete Werbespendings (Währung)
- Eigene Werbespendings

Die strategische Analyse hatte gezeigt, dass die Werbespendings zu einer beeinflussbaren Marktanteilsverschiebung führen. Das erwartete Verhältnis, durch eine qualitative und quantitative Marktanalyse im Rahmen der strategischen Analyse unterlegt, lautet:

Erhöhung des Anteils der Werbespendings um 1 %-Punkte = +1 % Marktanteil

Allerdings gilt dieser Zusammenhang nur in einer Bandbreite des Anteils der Werbespendings von 20–40 %. Unter 20 % und über 40 % gilt ein Verhältnis von 2 : 1, d. h. die Werbespendings müssen deutlich höher sein, um den Marktanteilsgewinn zu erzielen.

Diese Art der Parameteridentifikation und Grundlogiken gilt es in dieser Phase für alle identifizierten Driving Forces durchzuführen und zu dokumentieren. Wichtiger Hinweis an dieser Stelle: Die identifizierten Zusammenhänge unbedingt mit allen relevanten Planungsbeteiligten abstimmen. Das sichert die Planungsqualität und schützt vor späteren Anpassungen der Logiken.

3.3   Festlegung der Planungsmodule

Nachdem die Driving Forces analysiert und beschrieben sind, geht es im nächsten Schritt um die Skizzierung der Grundstruktur des Businessplans. Mit der Grundstruktur sind die

einzelnen Elemente des Berechnungsmodells gemeint, d. h. welche Kalkulationen sind vorzunehmen, um die Wirkungszusammenhänge im Einzelnen und übergreifend zu ermitteln.

Durch die Financial Analysis im Rahmen der strategischen Selektion sind die wesentlichen Strukturelemente bereits vordefiniert. Im Kern heißt das, dass die Fokusbereiche feststehen – Umsatzfokus mit detaillierter Herleitung über den Markt, den Wettbewerb, das Pricing oder Kostenfokus mit Spezifizierungen über die wesentlichen Kostenarten oder Investitionsfokus mit technischen Grundparametern und Beschaffungsdetaillierungen.

Im nächsten – und einem der entscheidenden Schritte der Modellierung – wird die Grundstruktur des Businessplans festgelegt, d. h. welche Module wird es mit welchen Berechnungsinhalten geben.

Generell kann man die folgende Übersicht als Leitfaden für die Strukturierung eines Businessplans nutzen:

Die wichtigste Aufgabe in dieser Phase ist die Definition der Module zur Herleitung von Umsatz, Kosten und Investitionen, also die Art und Weise der Übersetzung der Driving Forces in wirtschaftliche Kennzahlen als Grundlage der finanzwirtschaftlichen Ergebnisse.

3.4   Abbildung der Planungslogiken

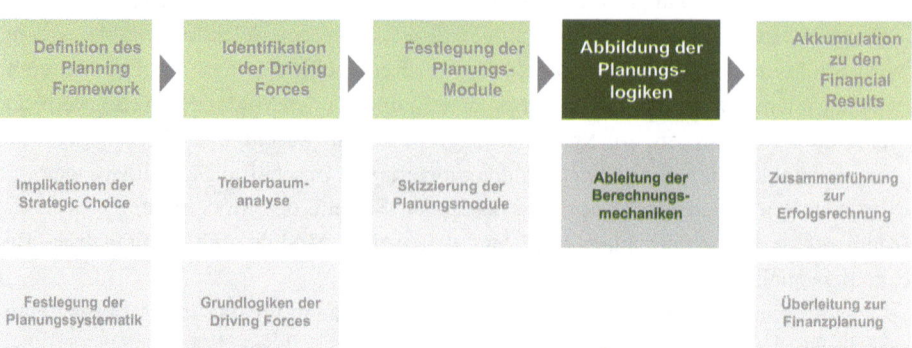

Nachdem die Grundstruktur der Module definiert ist, gilt es im nächsten Schritt innerhalb der festgelegten Berechnungsstruktur die einzelnen Module in sich zu strukturieren.

Ausgehend von der Treiberanalyse stehen die wesentlichen Parameter für den wirtschaftlichen Erfolg fest. Als Nächstes sind die Wirkungszusammenhänge in Form von Berechnungsmechaniken abzuleiten. Das heißt, welche Größen sind miteinander in welcher Art und Weise zu kombinieren, um die Berechnungsgrundlagen von Erlösen und Kosten (und Investitionen) zu schaffen.

Ein ausführliches Beispiel für die Umsetzung von Planungslogiken ist in detaillierter Form im Kapitel 6.2. dargestellt.

Das folgende Kurzbeispiel skizziert die mögliche Komplexität in der Planungslogiken abzubilden sind.

Die Lizenzkosten der installierten technischen Anlagen variieren in Abhängigkeit vom Zeitpunkt und der Menge der installierten Basis.

Zeitfaktor:	Lizenzkosten werden erst 12 Monate nach Installation für 24 Monate fällig.
Mengenfaktor:	Die ersten 50 Stück führen zu Lizenzkosten von EUR 100 pro Stück und Monat, die nächsten 100 Stück zu Lizenzkosten von EUR 90 pro Stück und Monat und ab 300 installierten technischen Geräten sind EUR 70 pro Stück und Monat fällig.

Zur Abbildung einer solchen Berechnungsregel ist eine entsprechende Zwischenrechnung mit zeitlicher Verschiebung notwendig, um die Bezugsbasis in der jeweiligen Periode zu bestimmen. Erst dann kann die Lizenzkostenstaffel angewendet werden. Zusätzlich muss der Wegfall der Lizenzkosten nach 24 Monaten über einen entsprechenden „Schalter" modelliert werden.

Wichtig bei der Herleitung der Berechnungsregeln ist die Abstimmung darüber mit den jeweiligen Verantwortlichen, d. h. zum Beispiel die Erlöskalkulationen mit dem Marketing/Vertriebsverantwortlichen. Nur eine grundsätzliche Abstimmung der wesentlichen

Berechnungsregeln mit allen Fachverantwortlichen stellt sicher, dass die Ergebnisse des Businessplans auch eine umfängliche Akzeptanz bei allen Beteiligten finden.

3.5 Akkumulation der Ergebnisse

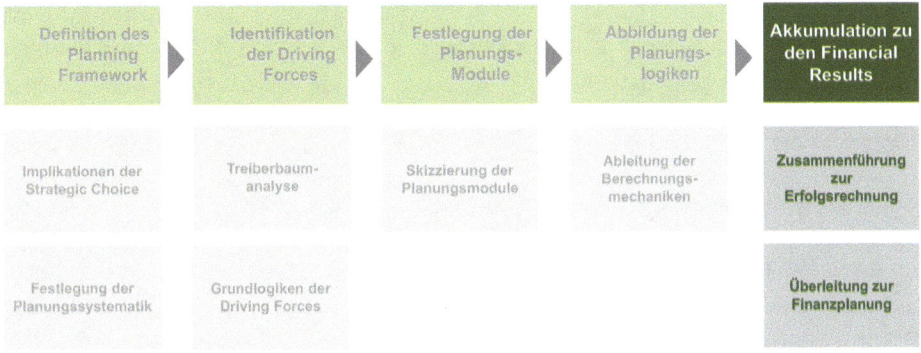

Nachdem alle Vorberechnungen und Überleitungen zu den relevanten Größen der Erfolgsrechnung vorliegen, sind diese im finalen Schritt zusammenzuführen. Zum einen in Richtung Erfolgsrechnung und zum anderen zur Integration der Finanzplanung.

Aus dem Financial Assessment muss abgeleitet werden, welche finanzwirtschaftliche Struktur die Ergebnisrechnung haben soll, d. h. welche Erlös- und Kostenarten sind in der Erfolgsrechnung abzubilden und für welche liegen entsprechende historische Datenreihen vor. Der Businessplan muss zu diesen bekannten Strukturen passen, da ansonsten zum einen die Anknüpfung an die Vorjahre fehlt und zum anderen die Akzeptanz aufgrund der „bekannten" Strukturen fehlt und für das Management die Business Referenz verloren geht.

Des Weiteren sollte eine Überprüfung der strukturellen und inhaltlichen Grundordnung auf eine Übertragung in die vorhandenen finanzwirtschaftlichen Strukturen stattfinden. Es muss bereits jetzt versucht werden sicherzustellen, dass am Ende die Erfolgsrechnung strukturell auch in die operative Finanzplanung überleitbar ist.

3.5.1 Zusammenführung zur Erfolgsrechnung

Auf Basis der erstellten Module zur Herleitung der Erlös- und Kostengrößen und der Investitionsrechnung (mit der Berechnung der Abschreibungen) werden alle relevanten Ergebnisse an die festgelegte Struktur der Erfolgsrechnung (i. d. R die Gewinn- und Verlustrechnung) zusammengeführt.

Im Folgenden ein Beispiel für eine Erfolgsrechnung eines Unternehmens mit umsatzabhängigen (variablen) Kosten und einem Block an Kosten für den Betrieb einer Infrastruktur und der Unternehmensorganisation (OPEX).

UNTERNEHMEN ERFOLGSRECHNUNG BUSINESS PLAN XXXX	UNIT	20xx IST	20xx FC	20xx PLAN	20xx PLAN	20xx PLAN	20xx PLAN	20xx PLAN
UMSATZERLÖSE	T EUR	0,00	0,00	0,00	0,00	0,00	0,00	0,00
Erlösart A	T EUR	0,00	0,00	0,00	0,00	0,00	0,00	0,00
Erlösart B	T EUR	0,00	0,00	0,00	0,00	0,00	0,00	0,00
Erlösart C	T EUR	0,00	0,00	0,00	0,00	0,00	0,00	0,00
DIREKTE KOSTEN	T EUR	0,00	0,00	0,00	0,00	0,00	0,00	0,00
Variable Kosten A	T EUR	0,00	0,00	0,00	0,00	0,00	0,00	0,00
Variable Kosten B	T EUR	0,00	0,00	0,00	0,00	0,00	0,00	0,00
Variable Kosten C	T EUR	0,00	0,00	0,00	0,00	0,00	0,00	0,00
DB I - ROHERTRAG	T EUR	0,00	0,00	0,00	0,00	0,00	0,00	0,00
in %	%		xx%	xx%	xx%	xx%	xx%	xx%
BETRIEBSKOSTEN (OPEX)	T EUR	0,00	0,00	0,00	0,00	0,00	0,00	0,00
Personalkosten	T EUR	0,00	0,00	0,00	0,00	0,00	0,00	0,00
Raum- und Nebenkosten	T EUR	0,00	0,00	0,00	0,00	0,00	0,00	0,00
Betriebskosten Kamerasysteme	T EUR	0,00	0,00	0,00	0,00	0,00	0,00	0,00
Marketingkosten	T EUR	0,00	0,00	0,00	0,00	0,00	0,00	0,00
Fuhrpark	T EUR	0,00	0,00	0,00	0,00	0,00	0,00	0,00
Allgemeine Kosten	T EUR	0,00	0,00	0,00	0,00	0,00	0,00	0,00
EBITDA	T EUR	0,00	0,00	0,00	0,00	0,00	0,00	0,00
in %	%		xx%	xx%	xx%	xx%	xx%	xx%
ABSCHREIBUNGEN	T EUR	0,00	0,00	0,00	0,00	0,00	0,00	0,00
EBIT	T EUR	0,00	0,00	0,00	0,00	0,00	0,00	0,00
in %	%		xx%	xx%	xx%	xx%	xx%	xx%
A.O. ERGEBNIS	T EUR	0,00	0,00	0,00	0,00	0,00	0,00	0,00
ZINSERGEBNIS	T EUR	0,00	0,00	0,00	0,00	0,00	0,00	0,00
Zinserträge								
Zinsaufwand		0,00	0,00	0,00	0,00	0,00	0,00	0,00
EBT	T EUR	0,00	0,00	0,00	0,00	0,00	0,00	0,00
in %	%		xx%	xx%	xx%	xx%	xx%	xx%
STEUERN	T EUR	0,00	0,00	0,00	0,00	0,00	0,00	0,00
Ergebnis nach Steuern	T EUR	0,00	0,00	0,00	0,00	0,00	0,00	0,00
in %	%		xx%	xx%	xx%	xx%	xx%	xx%

Das Beispiel zeigt die Anknüpfung an die Financial Actuals (IST und FC) und die Fortschreibung durch den Businessplan für fünf Jahre auf Basis der Detailplanungen.

Ein wichtiger Hinweis an dieser Stelle. Innerhalb der Erfolgsrechnung werden keine Größen mehr auf Basis ihres Wirkungszusammenhanges hergeleitet – die Erfolgsrechnung ist „nur" eine Akkumulation der finanzwirtschaftlichen Größen aus allen relevanten Planungsmodulen.

3.5.2 Überleitung zur Finanzplanung

Spätestens an der Stelle der Kostenart „Zinsaufwand" innerhalb der Erfolgsrechnung wird deutlich, dass der Businessplan ohne einen Finanzplan nicht vollständig ist.

In welchem Ausmaß die Finanzplanung vorgenommen wird, ist sehr stark abhängig von der Art der Geschäftstätigkeit. Von einer einfachen Ausgabenüberschussrechnung bis hin zu einer detaillierten monatsgenauen Finanzplanung sind alle Formen möglich. Sind zusätzliche Finanzmittel von Eigenkapital- oder Fremdkapitalgebern notwendig, so ist eine detaillierte Finanzplanung auf jeden Fall vonnöten. Kann demgegenüber alles aus dem eigenen Cashflow finanziert werden, so könnte wahrscheinlich etwas weniger detailliert vorgegangen werden.

Der Businessplan folgt in seiner kalendarischen Logik dem klassischen buchhalterischen Vorgehen, d. h. Erlöse und Aufwendungen werden periodengerecht geplant und abgebildet. Aus Sicht einer Finanzplanung ist demgegenüber der tatsächliche zeitliche

Anfall der Ein- und Auszahlungen von entscheidender Bedeutung. Deshalb ist es notwendig, alle Erlöse und Aufwendungen (ggf. in summarischer Form) in ihren zeitlichen Anfall zu transferieren und auf dieser Basis die Finanzierungsnotwendigkeiten abzuleiten.

Aus der Praxis heraus im Folgenden ein kurzes Beispiel einer einfachen, aber sehr transparenten Vorgehensweise, die es erlaubt, auch spätere Veränderungen in den Zahlungsmodalitäten einfach zu implementieren.

Online Werbeerlöse	T EUR	Annahme:
1. Zufluss sofort im Leistungsmonat		Erstellung Rechnung nach Leistungsmonat (LM) und Liquiditätszufluss nach Rechnungsmonat
2. Zufluss nach 1 Monat nach LM		
3. Zufluss nach 2 Monat nach LM	100%	Bsp.: LM = Januar; Rechnungsstellung = Mitte Februar; Liquiditätszufluss = März
4. Zufluss nach 3 Monat nach LM		
Vertraglich vereinbarte Zahlungsziele (manuelle Einträge)		
Vertraglich vereinbarte Zahlungsziele (manuelle Einträge)		
Zahlungsmittelzufluss – Online Werbeerlöse	100%	

Die Grundstruktur der Festlegung eines Leistungsmonats des Zahlungsmittelzu- oder -abflusses gilt für alle Erlöse, Aufwendungen und Investitionen. Die Struktur ermöglicht es zudem, die Zahlungsflüsse auch aufzuteilen und damit mehreren Folgemonaten zuzuordnen. Auf Basis der festgelegten Leistungsmonate werden die betriebswirtschaftlichen Werte kalendarisch verschoben. In Kombination vom Zahlungsmittelbestand am Monatsanfang mit der monatlichen Summe aller Zu- und Abflüsse ergibt sich der jeweilige Liquiditätssaldo des Monats. Damit lassen sich dann Finanzierungsnotwendigkeiten bzw. -überschüsse kalkulatorisch ermitteln. In Kombination mit einer Mittelzu- oder -abführung (Eigen- oder Fremdmittel) entsteht eine transparente und nachvollziehbare Finanzplanung.

3.5.3 Key Performance Indicator Board

In der Phase, in der sich der Business Case in seinen Strukturen und Logiken stabilisiert hat, gilt es das Key Performance Indicator Board aufzubauen. Unter dem KPI-Board ist eine zusammenfassende Übersicht zu verstehen, die die wesentlichen Non-Financial- und Financial-Treiber in einem Überblick darstellt.

Da es sich beim Businessplan um eine Mehrjahresplanung handelt, stellt das KPI-Board auf die jeweiligen Jahreswerte (Mittelwerte, Summen oder Endwerte) ab und ermöglicht somit einen schnellen und umfassenden Blick auf den Case. Gerade auch im Falle des Durchrechnens verschiedener Varianten ist ein solches KPI-Board außerordentlich hilfreich, um die Inputvariation und die unterschiedlichen Ergebnisse zu vergleichen und zu analysieren.

Zur Verdeutlichung im Folgenden ein Beispiel KPI-Board für eine Unternehmen, das ein neues technisches System in einem geografischen Markt aufbaut und auf Basis der Infrastruktur Erlöse über die Vermarktung des generierten Content erzielt.

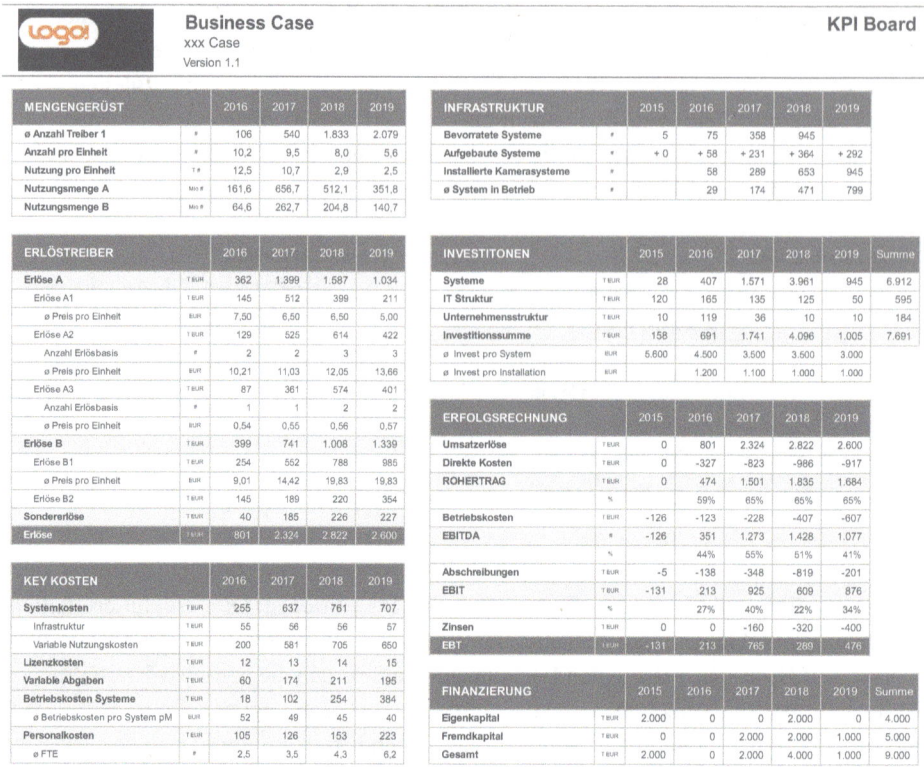

Das KPI-Board hat zwei substanzielle Vorzüge:

1. Die Präsentation des Businessplans fokussiert sich auf die wesentlichen Annahmen und macht es dem Empfänger leichter, die Grundannahmen und ihre finanziellen Folgen schnell und transparent zu erfassen.
2. Für den Businessplanersteller ist es ein hervorragendes Tool, um die Konsistenz und Logik seines Businessplans nochmals zu kontrollieren und parallel die richtige Ermittlung von Kennzahlen auf Jahresbasis sicherzustellen.

Literatur

Schmidt T (2016) Praxisleitfaden Management Reporting. Springer, Wiesbaden

Übergang zur operativen Planung

4

Nach der Verabschiedung des Businessplans für die kommenden Jahre ist der Erstellungsprozess an sich abgeschlossen. In einem anschließenden Schritt kann der Planer allerdings die Früchte seiner guten Planungsarbeit ernten – das erste Jahr des Businessplans stellt auch gleichzeitig das operative Budget des kommenden Geschäftsjahres dar.

Die finanzwirtschaftlichen Leitplanken für das operative Budget sind gesetzt und stecken den entsprechenden Rahmen ab. In Abhängigkeit vom Detaillierungsgrad des Businessplans kann dieses Budget sogar eine 1:1-Übersetzung desselben sein.

Da der Businessplan die Ziele der kommenden Jahre abbildet, ist es wichtig, kontinuierlich auch gegen diesen Businessplan im operativen Controlling zu berichten. Dabei sollte es selbstverständlich sein, dass dieses Monitoring nicht nur auf finanzwirtschaftlicher Ebene (GuV, Bilanz und Cashflow) erfolgt. Die Anwendung der Treibersystematik im Rahmen der Abweichungsanalyse macht dann deutlich, durch welche Faktoren eine Abweichung entstanden ist und führt zu einer Validierung der Businessplanannahmen.

Für das weitere operative Monitoring erfolgt an dieser Stelle der Hinweis auf das Buch „Management Reporting" (Schmidt 2016), erschienen ebenfalls bei Springer in Wiesbaden:

Literatur

Schmidt T (2016) Praxisleitfaden Management Reporting. Springer, Wiesbaden

© Springer Fachmedien Wiesbaden GmbH, ein Teil von Springer Nature 2019   33
T. Schmidt, *Praxisleitfaden Business Planning*,
https://doi.org/10.1007/978-3-658-20341-2_4

Praxistipps

5

Dieses Kapitel fasst die Praxistipps aus den Erfahrungen der Modellierung von vielen Businessplänen – von einfach bis extrem komplex – zusammen. Trotz ihrer Einfachheit unterstützen sie den Businessplaner nachhaltig und erleichtern fehlerfreie und nachvollziehbare Modellierungsarbeiten.

5.1 Business-Case-Varianten

Auf dem Weg zum finalen Business Case werden immer wieder verschiedene Varianten mit unterschiedlichen Parametersettings gerechnet, um das wirtschaftliche Optimum zu finden oder auch die Chancen und Risiken zu validieren. Sei es, um ein konsistentes und nachvollziehbares Annahmenset zu finden oder auch aufgrund von zusätzlichen Produkten, Geschäftsfeldern, Vertriebskanälen oder Ähnlichem.

In diesen Fällen ist es für den Businessplaner wichtig, folgendem Vorgehensmuster zu folgen:

- Übernahme der wesentlichen Annahmen und finanziellen Ergebnisse in eine Basistabelle, die den Ausgangspunkt der letzten gültigen Business Case-Variante bildet
- Durchführung der inhaltlich zusammenhängenden Annahmenveränderungen (z. B. alle Veränderungen einer Erlösart)
- Übernahme der sich ergebenden Ergebnisse im selben Muster wie im Ausgangspunkt und Ermittlung der sich ergebenden Veränderungen
- Umsetzung der nächsten Veränderungsmaßnahmen eines Planungsbereiches bzw. einer Planannahme

© Springer Fachmedien Wiesbaden GmbH, ein Teil von Springer Nature 2019
T. Schmidt, *Praxisleitfaden Business Planning*,
https://doi.org/10.1007/978-3-658-20341-2_5

- Danach erfolgt die Übernahme der sich ergebenden Ergebnisse im selben Muster wie im Ausgangspunkt und Ermittlung der sich ergebenden Veränderungen
- Alle Veränderungsschritte werden in dieser Form dokumentiert und abgebildet, sodass am Ende der „neue" Businessplan mit seinen wesentlichen Annahmen und finanziellen Ergebnissen die Abschlussspalte bildet

Diese Varianten sollten zwingend jeweils einen eigenen Business Case-Namen bekommen – wie zum Beispiel „BC Maximaler Absatz" – kombiniert ggf. mit einer der Schlüsselzahlen. Diese Case-Bezeichnung ist im Deckblatt zu pflegen und per Namensgebung in jedem Tabellenkopf aufzunehmen, um dem Adressaten immer eineindeutig zu kommunizieren, welche Variante er vor sich liegen hat.

5.2 Versionen und Logbuch

Die Entwicklung eines Businessplans ist ein evolutionärer Prozess, in dessen Verlauf vom ersten Draft bis zum finalen Case diverse Änderungen implementiert werden. Es ist von hoher praktischer Bedeutung, diese Veränderungsschritte auch im Case an sich zu dokumentierten. Dazu hat es sich bewährt, eine Versionsnummer zu führen und ein Versionslogbuch zu führen.

Versionsnummer
Jeder Business Case sollte eine Versionsnummer enthalten, die permanent gepflegt wird und dabei folgender Logik folgt:

- Aufbau in Form einer Vxx.xx-Kennung, d. h. die Versionsnummer besteht inhaltlich aus zwei Stufen
- die führende Nummer, die jeweils pro Evolutionsstufe hochgezählt wird
- die Subnummer, die kleine Änderungsschritte induziert

Als Teil des Deckblattes wird diese Versionsnummer aktiv weitergezählt und sollte auf jede Seite des Business Case per festen Namen verlinkt sein.

Versionslogbuch
Unterhalb im nicht sichtbaren Teil des Deckblattes erfolgt die Dokumentation der Versionsevolution, d. h. die jeweiligen Veränderungen zwischen den Versionen wird kurz und prägnant beschrieben. Dabei unbedingt beachten, dass sich der Versionslog auf logische und Parameteranpassungen bezieht, aber nicht auf durchgerechnete Varianten des Business Cases. Diese sind durch eine entsprechende Case-Bezeichnung zu dokumentieren.

Im Folgenden ein Beispiel für einen Versionslog:

Versionstracker

0.3	Aufbaukosten Update mit neuem Input Personal Backoffice Update neuem Input Betriebskostenupdate neuem Input Neue Konditionen Equipment Neue Lizenzkosten Equipment	0.7	Roll-Out Test Einbau differenzierte Abgaben Korrektur Betriebskosten Übernahme Personalplanung
		0.71	Integration weiterer Potentiale Finanzplan integriert
0.4	Integration finale Preise Lieferant Integration Einzahlungen Gesellschafter		
		0.8	Erlösübersicht eingebaut Summenfehler Erlössheet bereinigt
0.41	Aufbauphase erste xx Systeme		
0.5	Integration Marktforschungsergebnisse Neustrukturierung Erlöse Aufbauphase mit xx Systemen für Gesamtjahr 2017	1.0	Finaler Update Kostenparameter
		1.1	Einbau KPI Board Korrektur kleiner Formelfehler auf Jahresbasis
0.51	Full Year Funktionalität herstellen Potentiale ausbauen	1.2	Integration Eigen- und Fremdfinanzierung
0.6	Integration Ist-Kosten Update neuer Input Projektstruktur		

5.3   Tabellenkomposition

Da sich ein Business Case – abgebildet in Excel – aus diversen Tabellenblättern zusammensetzt, ist es sehr wichtig, eine konsistente und nachvollziehbare Tabellenkomposition zu definieren. Diese erleichtert zum einen dem Entwickler des Business Case-Modells die Arbeit am Modell, zum anderen hat der Empfänger des Business Models den großen Vorteil, ein durchgängiges Layout mit eindeutigen Zusammenhängen zu erhalten.

5.3.1   Tabellenlayout

Das Layout eines Businessplans definiert die Gestaltung der Tabellenstrukturen innerhalb der einzelnen Module.

Aufgrund der vorgegebenen Parameter ist die Tabellenstruktur an sich definiert, denn diese bestimmt im Wesentlichen die Anzahl der abzubildenden Spalten:

- Linke Spalte(n) für die Beschreibung des Inhaltes
- Nächste Spalte für die Indikation der genutzten Einheit
- Als Nächstedie tatsächlichen Inhaltsspalten mit den Ist-Daten, gefolgt von den Planungsdaten in der festgelegten Anzahl (aufgrund des definierten Planungshorizontes)

In Summe bedeutet dies, dass mindestens vier Wertespalten belegt sind: Ein Ist-Jahr plus mindestens drei Planjahre.

Die zusätzliche Spalte für die Bezeichnung der Einheit sollte immer integriert werden, da diese eindeutig die angewendete Größenordnung beschreibt und ein Businessplan naturgemäß aus einer Kombination von Financials und Non-Financials besteht.

Aus der praktischen Erfahrung der Hinweis, diese Spalte auch bei den reinen Financials mitzuintegrieren, damit die Spaltenzuordnung in jedem Tabellenblatt des Businessplans gleich ist und sich so Bezüge einfach und nachvollziehbar aufbauen lassen.

Das folgende Beispiel zeigt einen Standardaufbau einer Seite mit Financials.

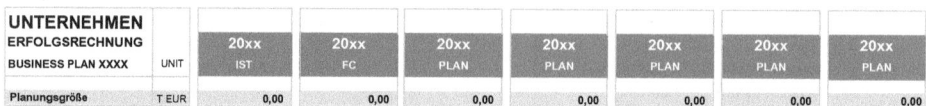

UNTERNEHMEN ERFOLGSRECHNUNG BUSINESS PLAN XXXX	UNIT	20xx IST	20xx FC	20xx PLAN	20xx PLAN	20xx PLAN	20xx PLAN	20xx PLAN
Planungsgröße	T EUR	0,00	0,00	0,00	0,00	0,00	0,00	0,00

Nicht zu vergessen ist im Überschriftenblock die Integration der Bezeichnung der jeweiligen Einheit, die zahlenmäßig dargestellt ist. Auch wenn diese Angabe oftmals als überflüssig angesehen wird, so ist sie doch unabdingbar, um jeglicher Verwirrung beim Adressaten vorzubauen.

Das Beispiel zeigt einen Beschriftungsblock in der oberen linken Ecke, der für entsprechende Titel bzw. Untertitel genutzt werden kann. Auch für diese Titel gilt eine absolute Stringenz in der Anwendung, d. h. Position, Schrifttype und Größe sollten auf allen Tabellenseiten möglichst identisch sein.

In einigen Fällen kann es sein, dass noch eine weitere Spalte mit aufgenommen werden muss, nämlich die Abbildung der jährlichen Veränderung, um die Dynamik der Planung wiederzugeben.

Bei der Wiedergabe der finanzwirtschaftlichen Zahlenwerte muss die Festlegung erfolgen, in welcher Art Kostengrößen abgebildet werden. Aus den meisten ERP-Systemen heraus erfolgt eine Darstellung mit einem negativen Vorzeichen, die auch so übernommen werden kann, wenn dies die Philosophie im Unternehmen darstellt. Erfahrungsgemäß ist aber eine Darstellung als absolute Ganzzahl vorteilhafter, da zum einen deutlich weniger Zeichen in der Tabelle abgebildet werden und zum anderen negative Abweichungswerte mit ihrem Vorzeichen in gewisser Weise in der Wahrnehmung „untergehen".

Zum Abschluss noch ein Tipp für den Aufbau der Tabellen an sich. Bei der Darstellung von **Summenwerten** (Erfolgsrechnung, Übersicht Investitionen, KPI-Board) ist es für den Adressaten deutlich einfacher, eine Logik der Zusammenfassung zu verstehen, wenn die Summenbildung oberhalb der definierenden Basiszahlen erfolgt.

UNTERNEHMEN ERFOLGSRECHNUNG BUSINESS PLANXXXX	UNIT	20xx IST	20xx FC	20xx PLAN	20xx PLAN	20xx PLAN	20xx PLAN	20xx PLAN
Umsatzerlöse	T EUR	0,00	0,00	0,00	0,00	0,00	0,00	0,00
Erlösart A	T EUR	0,00	0,00	0,00	0,00	0,00	0,00	0,00
Erlösart B	T EUR	0,00	0,00	0,00	0,00	0,00	0,00	0,00
Erlösart C	T EUR	0,00	0,00	0,00	0,00	0,00	0,00	0,00

Das menschliche Auge tastet eine Tabelle von oben nach unten ab, sodass die Daten in einer hierarchischen Ordnung dargestellt werden sollten, das dem menschlichen Wahrnehmungsbedürfnis entspricht – das Wichtigste zuerst (oben), das weniger Wichtige darunter. Unterstützt durch die entsprechenden Textauszeichnungen und Schriftgrößen entsteht ein harmonisches Tabellenbild, das analytische Ergebnisse nahezu intuitiv transportiert. Im Beispielfall wird sofort erkennbar, dass die Umsatzerlöse sich aus drei unterschiedlichen Erlösarten zusammensetzen.

Demgegenüber ist bei Tabellen, die Ergebnisgrößen der Planung auf Basis der Planungsparameter herleiten, eine Darstellung mit einer Ergebniszeile am Ende des jeweiligen Planungswertes zu empfehlen.

UNTERNEHMEN ERFOLGSRECHNUNG BUSINESS PLAN XXXX	UNIT	20x1												
		Jan	Feb	Mar	Apr	May	Jun	Jul	Aug	Sep	Oct	Nov	Dec	Jahr
Mengenwert	#	100	160	256	192	211	232	256	281	309	371	390	370	3.128
Wertgröße	EUR / #	2,00	2,00	2,00	2,00	2,00	2,00	1,95	1,95	1,95	1,95	1,95	1,95	1,97
ERGEBNISGRÖ?E	EUR	200,00	320,00	512,00	384,00	422,40	464,64	498,33	548,16	602,97	723,57	759,75	721,76	6.157,58

Das Beispiel zeigt, dass die Herleitung der Ergebnisgröße logisch nachvollziehbar auf Basis der Mengen und Wertgrößen entsteht, da der Kalkulationsfluss mit dem Lesefluss übereinstimmt.

5.3.2 Aufbau der Berechnungen

Der Treiberbaumgedanke muss konsequent auch in der Modellierung der Berechnungen fortgeführt werden, d. h. alle Einzelteile/Bestandteile der Berechnung werden separat ausgewiesen und die Berechnungsformel sollte nahezu intuitiv herleitbar sein. Mit Ausnahme der Erfolgsrechnung handelt sich in der Regel um eine Kombination aus Non-Financials und Financials mit der definierten kalkulatorischen Verknüpfung.

BEISPIEL PERSONAL & RAUMKOSTEN BUSINESS PLAN	UNIT	2016	JAN	FEB	MRZ	APR	MAI
PERSONALKOSTEN							
BACKOFFICE / CALLCENTER							
Leitung	#	1,00	1,00	1,00	1,00	1,00	1,00
Kosten pro FTE	EUR		8.000	8.000	8.000	8.000	8.000
Ratio FTE :Systeme	#		25	25	25	25	25
Backoffice FTE	#	2,00	10,00	10,00	10,00	10,00	10,00
Kosten pro FTE	EUR		3.750	3.750	3.750	3.750	3.750
Zuschlag Personalnebenkosten	%		25%	25%	25%	25%	25%
Personalkosten Backoffice/Callcenter	TEUR	56,25	56,88	56,88	56,88	56,88	56,88

Die Zeilenbeschreibungen sollten immer selbsterklärend und relevant für die Kalkulationsgröße sein, um dem Empfänger des Businessplans die Möglichkeit zu geben, die logischen Berechnungsschritte zu „lesen".

5.3.3 Kennzeichnung der Felder

Eine der einfachsten Mittel, um eine Nachvollziehbarkeit sicherzustellen, ist die Kennzeichnung aller Felder im Hinblick auf ihren Charakter:

- Eingabefeld: Wert ist ein Input aus der strategischen Planung
- Berechnung: Wert als Ergebnis einer Berechnung durch Verknüpfung von Eingabefeldern oder anderen Berechnungsfeldern
- Bezug: Wert wird in diesem Tabellenblatt nicht berechnet, sondern kommt originär aus einem anderen Tabellenblatt

Die drei Arten an Feldern sollten auch entsprechend gekennzeichnet sein. Es hat sich bewährt, die Feldform „Berechnung" ohne farbliche Kennung zu belassen, da sonst die Tabellen mit Markierungen überfrachtet werden. Demgegenüber sollten die Eingabe- und Bezugsfelder farblich markiert werden, um diese für den externen Betrachter eindeutig als Planungseingaben identifizierbar zu machen. Bei den Bezugsgrößen ist bei einer entsprechenden Markierung unmittelbar für den Betrachter ableitbar, dass diese Größe in einer anderen Berechnungsquelle (Blatt) ermittelt wird.

BEISPIEL ERLÖSE BUSINESS PLAN	UNIT	2016	JAN	FEB	MRZ	APR
Erlöse App Vermarktung & Werbung						
Neu installierte Kameras	#	50	5	5	5	10
ø Bestand Kameras	#	35	53	58	63	70
App Downloads pro Kamera	#	0	30	30	30	30
App User	#	0	1.575	1.725	1.875	2.100
kumulierte App User	#		1.575	3.300	5.175	7.275
Anteil App Kauf (ohne Werbung)	%		0%	0%	0%	0%
App Käufer	#	0	0	0	0	0
Bestand App Käufer	#		0	0	0	0
App Abo Verkaufspreis	EUR		4,99	4,99	4,99	4,99
App Abo Nettoerlöse	EUR		4,19	4,19	4,19	4,19

Im Beispiel sind die Bezugsfelder in Blau markiert und die Inputfelder in Grün – eine Kennzeichnung mit einem Rahmen für Inputfelder ist meist nicht sinnvoll, da dies das Gesamtlayout der Tabelle überfrachten würde.

Case Studies

6

Anhand der folgenden Case Studies erfolgt eine Illustration des Vorgehensmodells des Business Planning und insbesondere eine Veranschaulichung des strukturellen Aufbaus und der logischen Ableitungen und Verknüpfungen.

Dabei wird Schritt für Schritt aus den jeweiligen vorliegenden Informationen das Business Case bzw. die Planungslogiken in seinen bzw. ihren Bestandteilen und logischen Zusammenhängen aufgebaut. Es werden jeweils zuerst die Hintergrundinformationen zu den wirtschaftlichen Gegebenheiten geliefert . Zum Abschluss einer Informationseinheit erfolgt die umgehende Umwandlung bzw. Ableitung der Implikationen auf das Business Planning.

6.1 Case Study STRAMiQ

6.1.1 Hintergründe und wirtschaftliche Gegebenheiten

Unternehmen

Ein kleines Team von Studenten hat eine neue App entwickelt und hat sich nach den ersten sehr erfolgreichen Markttests entschlossen, ein eigenes Unternehmen (genannt STRA-MiQ) zu gründen. Das erste Geschäftsjahr (= Kalenderjahr) ist abgelaufen und es wird jetzt eine Finanzierung für das weitere Wachstum benötigt. Am Geschäftsmodell selbst soll es vorerst keine Änderung geben, d. h. alle gemachten Angaben und Abhängigkeiten gelten für die kommenden Jahre.

Für die Suche nach Investoren wird eine Managementpräsentation erstellt, die natürlich auch einen Businessplan beinhalten soll.

Die Zahlen des ersten Geschäftsjahres liegen vor und die drei Gründer haben entschieden, eine Planung für die nächsten drei Jahre zu erstellen. Dabei soll das erste Planjahr eine 12-Monatsplanung umfassen, während die Jahre zwei und drei auf Jahresbasis geplant werden sollen.

© Springer Fachmedien Wiesbaden GmbH, ein Teil von Springer Nature 2019
T. Schmidt, *Praxisleitfaden Business Planning*,
https://doi.org/10.1007/978-3-658-20341-2_6

Businessplan Framework
- Ist-Daten: Erstes Geschäftsjahr
- Planungshorizont: 3 Jahre
- Planungssystematik: 1. Planjahr auf Monatsbasis
                                     Planjahre 2 und 3 auf Ganzjahresbasis

Markt und Produkt
Das Produkt des Unternehmens EASY heißt STRAMiQ und ist eine App, mit der jeder Student (insbesondere aus dem Fachbereich Betriebswirtschaftslehre) das Thema „Strategisches Management" in Form einer Multiple-Choice-Methodik erlernen und für Klausuren üben kann. Die App ähnelt in ihrem Erscheinungsbild und ihrer Anwendbarkeit bekannten Apps, wie z. B. Quizduell oder Math42. Nahezu jeglicher Inhalt zum Thema Strategisches Management ist in der Content-Datenbank hinterlegt (Fragen – Antworten) und das Basissystem kombiniert mögliche Fragen und Antworten auf Basis einer KI Software jeweils zu einem neuen Übungsdurchlauf.

Es handelt sich um ein einzigartiges Produkt – direkten Wettbewerb gibt es nicht. Aber STRAMiQ konkurriert natürlich mit allen anderen verfügbaren wissenschaftlichen Apps in den jeweiligen Absatzkanälen. Die App ist sowohl als iOS- als auch als Android-basierte mobile App verfügbar und wird im Apple App Store und bei Google Play zum Verkauf angeboten – eine Webanwendung gibt es nicht.

Die App kostet in den App Stores den Endkunden einmalig EUR 9,99.

Im ersten Jahr wurde STRAMiQ insgesamt 20.000-mal downgeloaded – der Anteil vom Apple Store beträgt 40 %. Der Kunde muss sich am STRAMiQ Server anmelden und es erfolgt eine entsprechende Kundenverifizierung. EASY führt eine Kundendatenbank und veröffentlicht monatlich einen Newsletter an seine Nutzer.

Für das erste Planjahr sind 30.000 Verkäufe der App geplant. Auf Basis der verfügbaren Marktdaten und der Entwicklung vergleichbarer mobiler Applikationen gehen die Gründer für die beiden Folgejahre von einer 20 %igenigen Steigerung pro Jahr aus.

Businessplan Framework
- Anzahl Produkte: 1 – ausschließlich mobile App
- Anzahl Verkäufe: Vorjahr = 20.000, Planjahr 1 = 30.000, dann +20 % p. a.
- Verkaufspreis: EUR 9,99 pro Verkauf
- Absatzkanäle: Appel Store und Google Play
- Wettbewerber: keine

Kosten
Die drei Gründer haben im ersten Jahr nur jeweils ein minimales Gehalt von netto EUR 1.000 pro Monat bekommen und das soll auch weiterhin so gelten. Weitere angestellte Mitarbeiter gibt es per Ende des ersten Geschäftsjahres nicht. Geplant ist der Aufbau von zwei weiteren Stellen – für die App-Pflege und Weiterentwicklung ein Vollzeitmitarbeiter

mit einem Nettogehalt von EUR 2.000 pro Monat – für das Onlinemarketing ein Mitarbeiter mit 32 Stunden pro Woche zu bei einem Nettogehalt von EUR 1800 pro Monat. Der App-Mitarbeiter kommt zum 1.7. des Planjahres 1 eins und der Onlinemarketingmitarbeiter wird für ab dem 1.1. des Planjahres zwei geplant.

Der Betrieb findet in einem angemieteten möblierten vollversorgtem Raum statt, der genug Platz für die Gründer und die neuen Mitarbeiter bietet. Die monatliche Miete beträgt netto EUR 500 inkl. aller Nebenkosten.

Für das Onlinemarketing haben sich die Gründer eine KUR (Kosten-Netto-Umsatz-Ratio) von 20 % gesetzt, die sie für alle Planjahre unterstellen wollen.

Die beiden Absatzmittler Apple und Google behalten bei jedem Verkauf 25 % des Nettoerlöses ein und leiten den erzielten Umsatz dann an STRAMiQ weiter.

Für jedwede sonstige betriebliche Kosten planen die Gründer einen Kostensatz von EUR 100 pro Monat.

Businessplan Framework
- Mitarbeiter: 3 Gründer jeweils EUR 1000 p. M.
                                       +1 Mitarbeiter zum 1.7. Planjahr 1 mit EUR 2000 p. M.
                                       +1 Teilzeit-MA zum 1.1. Planjahr 2 mit EUR 1800 p. M.
- Raumkosten: EUR 500 p. M.
- Marketingkosten: 20 % vom Nettoumsatz
- Sonstige betriebliche Kosten: EUR 1.200 pa.
- Absatzkanäle: Apple Store und Google Play jeweils 25 % vom Nettoerlös

Unternehmerische Rahmendaten

Das Unternehmen hat die Gesellschaftsform einer GmbH und die Gründer haben jeweils EUR 10.000 Eigenkapital investiert.

Das Anlagevermögen besteht zum Ende des abgelaufenen Geschäftsjahres lediglich aus der IT-Ausstattung (alle sonstige Büroausstattung ist in der Miete enthalten). Die IT-Ausstattung der Gründer hatte jeweils einen Einlagenwert von EUR 5.000 zum Start des Geschäftsbetriebes. Sie werden über vier Jahre linear abgeschrieben, was auch für alle weiteren Anlagegüter als generelle Regelung gilt. Neue Mitarbeiter bekommen jeweils eine IT-Ausstattung mit einem Anschaffungswert von netto EUR 2.500.

Die Entwicklungskosten der App wurden nicht aktiviert.

Businessplan Framework
- Eigenkapital: EUR 30.000
- Investitionen: 3 IT-Ausstattung zu jeweils EUR 5.000 zum 1.1. VorjahrPro neuem Mitarbeiter eine IT-Ausstattung netto EUR 2.500
- Abschreibung: Linear über 4 Jahre

Finanzplanerische Rahmendaten

Die beiden Absatzmittler Google und Apple überweisen jeweils zum fünften des Folgemonates die Gutschriften aus den Verkäufen. Weitere Einnahmen generiert STRAMiQ nicht.

Alle Kostenarten sind generell einen Monat nach Anfall ausgabenwirksam, während die Personal- und Raumkosten im jeweiligen Monat sofort fällig sind.

Investitionen werden erst im zweiten Monat nach Lieferung bezahlt (60 Tage Zahlungsziel).

Businessplan Framework

*   Einnahmen: Erlösmonat +1
*   Ausgaben: Personal- und Raumosten im Monat
                 Alle anderen Kostenarten +1 Monat nach Anfall
                 Investitionen +2 Monate nach Lieferung

6.1.2 Anwendung des Vorgehensmodells

Auf Basis der gegebenen Informationen und deren Strukturierung erfolgt im nächsten Schritt die Anwendung des Vorgehensmodells auf die beschriebene Case Study.

6.1.2.1 Definition des Planning Frameworks

Auf Basis der gegebenen Informationen und deren Strukturierung erfolgt im nächsten Schritt die Anwendung des Vorgehensmodells auf die vorliegende Case Study.

Implikationen der strategischen Choice

Der vorliegende Case ist gekennzeichnet als ein Fall der strategischen Kontinuität mit dem Charakter „Improve".

Planungsfunktionalitäten

Außer der grundsätzlichen Modularität ist keine Besonderheit zu berücksichtigen und die möglichen strategischen Variationen sind über Inputparameterveränderungen abbildbar.

6.1.2.2 Identifikation der Driving Forces

Wie beschrieben eignet sich für die Identifikation der Driving Forces das Modell des Treiberbaumes am besten.

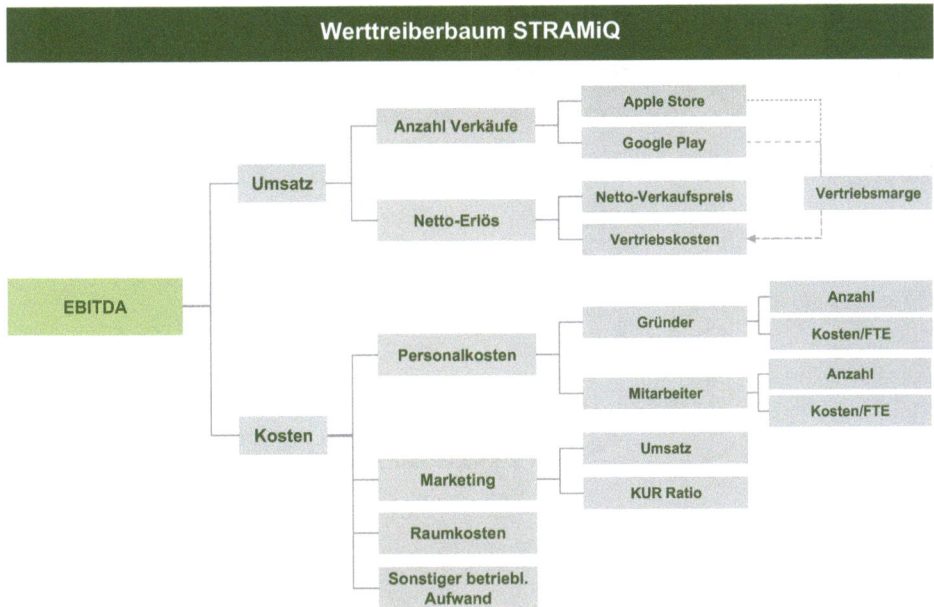

Der Treiberbaum zeigt, dass die Absatzmenge die wesentliche Größe für den wirtschaftlichen Erfolg des Unternehmens darstellt. Denn darüber wird nicht nur der Umsatz determiniert, sondern auch die Kostengrößen Vertriebskosten und Marketingaufwand.

Des Weiteren zeigt sich am Treiberbaum, dass es sinnvoll ist, die Vertriebskosten direkt in die Umsatzplanung zu integrieren und nicht gesondert in die Kostenplanung aufzunehmen.

6.1.2.3 Festlegung der Planungsmodule

Ausgehend vom Treiberbaum lassen sich folgende Module ableiten:

- Umsatzplan inklusive Vertriebswege und -kosten
- Kostenplan

Eine Detaillierung ist aufgrund der relativen Einfachheit des Case nicht notwendig.
Zusätzlich sollten entstehen:

- Erfolgsrechnung
- Investitionsplan
- Finanzplan

In einer Übersicht wird die Struktur der Planungsmodule deutlich:

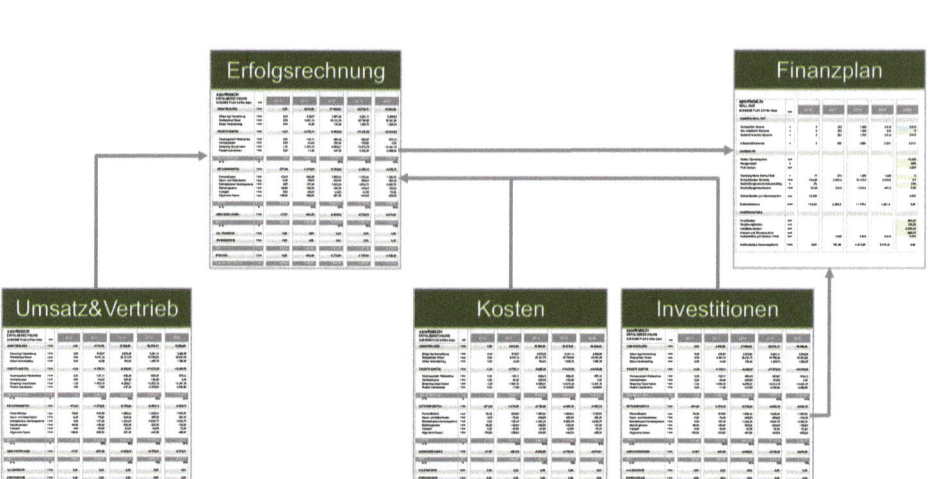

6.1.2.4 Ableitung der Planungslogiken

Die wesentlichen Planungslogiken – abweichend von den bekannten Zusammenhängen – sind geordnet nach Modul wie folgt:

Umsatz

Die geplante Absatzmenge ist für das erste Planjahr festgelegt und folgt dann einer Steigerungsrate, die eindeutig erkennbar und variierbar sein muss. Für die Aufteilung der Jahresabsatzmenge auf die 12 Planungsmonate wird eine Gleichverteilung unterstellt (gegebenenfalls muss hier nochmals eine Validierung mit dem strategischen Plan erfolgen).

Die Verteilung der Absatzmenge muss nach den beiden Absatzmittlern aufgeteilt werden, allerdings mit einem variablen Faktor, damit Szenarien von Absatzvariationen oder Margendifferenzierungen abgebildet werden können. Da laut Aussagen der Unternehmensleitung kein weiterer Absatzmittler akquiriert werden soll, kann die prozentuale Aufteilung der Absatzmenge über einen einfachen Absatzfaktor gesteuert werden – der sich ergebende Deltawert zu 100 % bildet dann automatisch den Anteil des zweiten Absatzmittlers.

Der Verkaufspreis muss vom Brutto- (als definierter Marktpreis) auf den Nettowert umgerechnet werden. Da es sich um einen Marktpreis handelt, ist dieser als Inputfaktor zu behandeln und kann in möglichen Szenarien in Preisstufen angepasst werden. Eine Variation über einen prozentualen Faktor macht an dieser Stelle keinen Sinn.

Vertriebskosten

Auf Basis der jeweiligen Erlöse nach Absatzmittler ist die Vertriebsmarge als Prozentsatz anzulegen.

Als Ausriss aus dem Excel-basierten Businessplan sieht die Erlös- und Vertriebskostenplanung dann wie folgt aus:

STRAMiQ UMSATZ & VERTRIEB Business Plan Version 1.0	UNIT	Dez	Jahr 1	
Umsatzerlöse				
Absatz	#	2.500	30.000	
Absatz Apple	#	1.000	12.000	
Absatz Google	#	1.500	18.000	
Steigerung pro Jahr	%		50%	← Variation der Absatzmenge
Absatz Apple	%	40%	40%	← Absatzmengenaufteilung
Absatz Google	%	60%	60%	
Preise				
Verkaufspreis Brutto	EUR	9,99	9,99	← Umwandlung Verkaufspreis
Verkaufspreis Netto	EUR	8,39	8,39	
Netto Erlöse	EUR	20.987	251.849	
Apple	EUR	8.395	100.739	
Google	EUR	12.592	151.109	
Apple	%	40%	40%	
Google	%	60%	60%	
Vertriebskosten				
Google und Apple Provisionen	EUR	5.247	62.962	
Apple Provisionssatz	%	25%	25%	← Vertriebsmargenfaktor
Google Provisionssatz	%	25%	25%	
Apple Provisionen	EUR	2.099	25.185	
Google Provisionen	EUR	3.148	37.777	

Kosten

Personalkosten

Bei den Personalkosten ist es unbedingt notwendig, die Treiber sauber voneinander zu trennen, d. h. die Personalkapazität und die jeweiligen Kosten separat auszuweisen. Hintergrund ist die bereits genannte Darstellung und Analysegrundlage der sich insgesamt ergebenden Personalkapazität, gemessen in FTE (Full-Time-Equivalent oder auch Vollzeitkräfte).

Im Falle von STRAMiQ ist die Arbeitszeit des Onlinemarktingmitarbeiters von 32 Stunden in einen FTE-Wert von 80 % oder auch 0,8 FTE zu übersetzen.

Für die Sozial- und Rentenversicherungsbeiträge ist es ratsam, in einem Businessplan mit einem pauschalen Zuschlagssatz zu rechnen – detailliertere Vorgehensweisen wären zwar möglich, spiegeln aber lediglich eine nicht notwendige Genauigkeit vor.

Marketingkosten

Die gesetzte Abhängigkeit des Marketingbudgets vom Umsatz führt zu einer der beschriebenen Übergaben von Daten von einem Modul in das andere (mit der entsprechenden Markierung).

Sonstige betriebliche Aufwendungen

Der angegebene Kostensatz pro Jahr wird linear auf die Monate verteilt.

STRAMiQ KOSTEN Business Plan Version 1.0	UNIT	IST	Jan	Feb	
Personalkosten					
FTE Kapazität		3,0	3,0	3,0	
Gründer	FTE	3,0	3,0	3,0	
App Entwicklung	FTE	0,0	0,0	0,0	
Online Marketing	FTE	0,0	0,0	0,0	← FTE Darstellung
Anzahl Mitarbeiter	#	3	3	3	← Umwandlung Mitarbeiter
Gehälter					
Gründer	FTE	1.000	1.000	1.000	← Gehälter auf Basis FTE
App Entwicklung	FTE	0	0	0	
Online Marketing	FTE	0	0	0	
Durchschnitt	EUR / FTE	1.000	1.000	1.000	
Gehaltskosten	EUR	36.000	3.000	3.000	
Gründer	EUR	36.000	3.000	3.000	
App Entwicklung	EUR	0	0	0	
Online Marketing	EUR	0	0	0	
Soziale Abgaben & Altersversorgung	EUR	9.000	750	750	
Zuschlagssatz	%	-25%	25%	25%	← Einfacher Zuschlag
Raumkosten					
Mietkosten	EUR	6.000	500	500	
Marketingkosten					
Marketingkosten	EUR	18.889	4.197	4.197	
Nettoerlöse	EUR	167.899	20.987	20.987	← Übergabe Umsatz aus Umsatzmodul
KUR Ratio	%	11%	20%	20%	
Sonstige betriebliche Aufwendungen					
Betriebliche Aufwendungen	EUR	1.266	100	100	

Investitionen & Abschreibungen

Aufsetzpunkt für die Investitionen sind die gemachten Angaben für das IST-Geschäftsjahr und die zu tätigenden Investitionen im Falle von den neuen Mitarbeitern. Im Falle des Eintritts eines neuen Mitarbeiters werden EUR 2500 als Bruttoinvestitionen ausgelöst. Die Anzahl der Mitarbeiter wird aus der Kostenplanung an das Investitionsmodul übergeben.

Für die Abschreibungen ist der Nutzungszeitraum festgelegt und wird in vereinfachter Form retrospektiv berechnet, d. h. in der Jahressummenspalte erfolgt die Summation der

Vorjahresanschaffungssumme mit dem aktuellen Jahr und die Umrechnung in den annualisierten Abschreibungswert, der linear über das Jahr verteilt wird. Die Vereinfachung führt zu einer Überbewertung der Abschreibungen, da nicht monatsgenau berechnet wird, was aber aus Vereinfachungssicht zu vernachlässigen ist. Sollte das Investitionsvolumen größer und signifikanter sein, ist eine monatsgenaue Berechnung vorzuziehen. Der Restbuchwert ergibt sich aus dem Restbuchwert Vorjahr plus Investitionen des Jahres abzüglich Abschreibungen des Jahres. Der Case zeigt den relativ schnellen Abbau des Restbuchwertes durch die geringen Folgeinvestitionen nach dem IST-Jahr.

STRAMiQ INVESTITIONEN Business Plan Version 1.0	Unit	IST	Dez	Jahr 1	Jahr 2	
IT Investitionen						
IT Ausstattung	EUR	15.000	0	2.500	2.500	◄— Jährliche Investitionen
Gründer Equipment	EUR	15.000	0	0	0	
Equipment neue Mitarbeiter	EUR	0	0	2.500	2.500	
Anzahl Mitarbeiter	#	3	4	4	5	
Neue Mitarbeiter	#			+ 1	+ 1	◄— Investitions-Schalter
IT Equipment						
Ausstattung pro Mitabreiter	EUR	0	2.500		2.500	
Abschreibungen						
Anschaffungswert	EUR	15.000				
kumulierte Investitionen	EUR	15.000		17.500	20.000	◄— Kumuliertes Investitionsvolumen
Nutzungsdauer	Jahre	4		4	4	
Abschreibungssatz	%	25%		25%	25%	
Abschreibungen	EUR	3.750	365	4.375	5.000	◄— Jährliche AfA
Restbuchwert	EUR	11.250		9.375	6.875	

Finanzplan

Ausgehend von den Angaben zur Zahlungsfälligkeit verschieben sich zum einen die Erlöse um einen Monat, zum anderen sind die Kostenarten Provisionen, Marketingkosten und sonstige betriebliche Kosten erst mit einem Verzug von einem Monat fällig. Auf Basis der Erfolgsrechnung des IST-Jahres lässt sich der Liquiditätsfluss aufbauen. Jeweils 1/12 der Erlöse und betroffenen Kostenarten verschieben sich in den Januar des ersten Planjahres. Entsprechend sind im ersten Planjahr die Erlöse und verschobenen Kostenarten in der Liquiditätsplanung nicht deckungsgleich mit den Erlösen und Kosten der Erfolgsrechnung.

Die Investitionen sind entsprechend der Zahlungswirksamkeit um zwei Monate verschoben und belasten den Cashflow damit entsprechend später (Investition im Juli, Zahlung im September).

Insgesamt ist ein Liquiditätsfluss beginnend mit der Liquidität am Anfang bis zum Ende der Periode zu erstellen. Bei Businessplänen mit deutlich höheren Wertstufen sollten auch die Umsatzsteuerberechnung (Zahlungen und Erstattungen) sowie die Ertragssteuerzahlung mitberücksichtigt werden.

STRAMiQ FINANZPLAN Business Plan Version 1.0	Unit	IST	Jan	Dez	Jahr 1	Jahr 2	Jahr 3	
Liquidität zum Periodenbeginn		0	60.956	122.450		127.143	182.355	← 0 oder Übertrag
Mittelzuflüsse		153.908	13.992	20.987	244.853	298.021	357.625	
Netto Erlöse	1 Mo	153.908	13.992	20.987	244.853	298.021	357.625	← Verschiebung +1 Monat
Mittelabflüsse		-122.952	-9.427	-16.294	-178.665	-242.809	-267.131	
Provisionen	1 Mo	-38.477	-3.498	-5.247	-61.213	-74.505	-89.406	
Personalkosten	0 Mo	-45.000	-3.750	-6.250	-60.000	-99.000	-99.000	
Raumkosten	0 Mo	-6.000	-500	-500	-6.000	-6.000	-6.000	← Im Monat fällig
Marketingkosten	1 Mo	-17.315	-1.574	-4.197	-47.746	-59.604	-71.525	
Sonstige betriebliche Aufwendungen	1 Mo	-1.161	-106	-100	-1.206	-1.200	-1.200	
Investitionen	2 Mo	-15.000	0	0	-2.500	-2.500	0	← Verschiebung +2 Monate
Operativer Cash Flow		30.956	4.564	4.693	66.188	55.212	90.494	
Zufluss aus Finanzierungstätigkeit	0 Mo	30.000	0	0	0	0	0	
Abfluss aus Finanzierungstätigkeit	0 Mo	0	0	0	0	0	0	← Zuführung von Aussen
Liquiditätssaldo		60.956	4.564	4.693	66.188	55.212	90.494	
Liquidität zum Periodenende		60.956	65.520	127.143		182.355	272.849	

Erfolgsrechnung

Die ermittelten Größen aus den einzelnen Modulen des Businessplans STRAMIQ finden sich zusammenfassend in der Erfolgsrechnung wieder.

STRAMiQ ERFOLGSRECHNUNG Business Plan Version 1.0	Unit	IST		Jahr 1		Jahr 2		Jahr 3		
UMSATZERLÖSE	EUR	167.899	100,0%	251.849	100,0%	302.218	100,0%	362.662	100,0%	← Aus UMSATZ&VERTRIEB
DIREKTE KOSTEN	EUR	-41.975	-25,0%	-62.962	-25,0%	-75.555	-25,0%	-90.666	-25,0%	
Google und Apple Provisionen	EUR	-41.975	-25,0%	-62.962	-25,0%	-75.555	-25,0%	-90.666	-25,0%	← Aus UMSATZ&VERTRIEB
ROHERTRAG	EUR	125.924	75,0%	188.887	75,0%	226.664	75,0%	271.997	75,0%	
BETRIEBSKOSTEN	EUR	-71.155	-42,4%	-117.570	-46,7%	-166.644	-55,1%	-178.732	-49,3%	
Personalkosten	EUR	-45.000	-26,8%	-60.000	-23,8%	-99.000	-32,8%	-99.000	-27,3%	
davon Löhne und Gehälter	EUR	-36.000	-21,4%	-48.000	-19,1%	-79.200	-26,2%	-79.200	-21,8%	
davon Soziale Abgaben / Altersversorgung	EUR	-9.000	-5,4%	-12.000	-4,8%	-19.800	-6,6%	-19.800	-5,5%	
Raumkosten	EUR	-6.000	-3,6%	-6.000	-2,4%	-6.000	-2,0%	-6.000	-1,7%	← Aus KOSTEN
Online Marketing	EUR	-18.889	-11,3%	-50.370	-20,0%	-60.444	-20,0%	-72.532	-20,0%	
Sonstige betriebliche Aufwendungen	EUR	-1.266	-0,8%	-1.200	-0,5%	-1.200	-0,4%	-1.200	-0,3%	
EBITDA	EUR	54.770	32,6%	71.317	28,3%	60.020	19,9%	93.264	25,7%	
Abschreibungen	EUR	-3.750	-2,2%	-4.375	-1,7%	-5.000	-1,7%	-5.000	-1,4%	← Aus INVESTITIONEN
EBIT	EUR	51.020	30,4%	66.942	26,6%	55.020	18,2%	88.264	24,3%	
Zinsaufwand	EUR	0	0,0%	0	0,0%	0	0,0%	0	0,0%	
EBT	EUR	51.020	30,4%	66.942	26,6%	55.020	18,2%	88.264	24,3%	

In der Darstellung ist neben der reinen Zusammenfassung der Jahreswerte (mit der Möglichkeit, das erste Planjahr in Monate aufzuklappen) auch eine Ratiobildung aller Werte im Verhältnis zu den Umsatzerlösen. Anhand der Kurzanalyse ist festzustellen, dass STRAMiQ eine konservative Planung entwickelt hat und eine verhalten positive Ergebnisentwicklung plant. Der Ausbau der Personalressourcen belastet das Ergebnis im Jahr zwei, bildet aber gleichzeitig die Grundlage für eine zukünftige Erhöhung des EBT. Planerisch ist in Frage zu stellen, ob der Ressourcenausbau auch positiv genug in der Umsatzplanung abgebildet ist, da die EBT-Marge nicht mehr auf das Niveau des Ist-Jahres kommt. Hier ist der Ansatz zu weiteren Szenarien, die die Planung weiter validieren sollten.

Eine steuerliche Betrachtung ist in dieser Case Study nicht berücksichtigt worden, da dazu die jeweiligen detaillierten gesellschaftsrechtlichen Verhältnisse maßgeblich sind, auf deren Darstellung in diesem Fall verzichtet wurde.

6.2   Mobilfunk Case – Planungslogiken

Dieser Case illustriert detailliert die Ableitung von Planungslogiken aus den vorliegenden Rahmendaten des Unternehmens und der strategischen Planung.

Bei dem Mobilfunkunternehmen ist eine der wesentlichen Driving Forces die Nutzung der Mobilfunkleistung durch den Kunden. Zum einen für die Preisgestaltung und damit die Umsatzermittlung, zum anderen für die Ausgestaltung des Mobilfunknetzes im Hinblick auf seine Kapazität. Strategisch will das Unternehmen seinen heutigen Produktmix von Nutzungskunden hin zu Vertragskunden verändern und erwartet ein deutliches Wachstum am Markt. Zusätzlich wird strategisch erwartet, dass die Nutzung steigt, während die Preise wettbewerbsbedingt unter Druck geraten werden.

Das Unternehmen bietet zwei Tarife an: Postpaid (Vertragskunde mit Grundgebühr) und Prepaid (reiner Nutzungstarif).

PREISE Mobilfunk	UNIT	2001 IST abs	2002 IST abs	2003 PLAN abs	2004 PLAN abs	2005 PLAN abs
POSTPAID						
Grundgebühr	EUR / Monat	20,00	20,00	19,00	19,00	15,00
				-5,0%	0,0%	-21,1%
Sprache	EUR / Minute	0,50	0,50	0,48	0,45	0,43
Inland						
Tagsüber (6:00 - 24:00)	EUR / Minute	0,50	0,45	0,43	0,40	0,36
Preisveränderung	%			-5,0%	-7,0%	-10,0%
Nachts (0:00 - 6:00)	EUR / Minute	0,25	0,20	0,19	0,18	0,16
Preisveränderung	%			-5,0%	-5,0%	-10,0%
Ausland	EUR / Minute	0,30	0,30	0,29	0,26	0,23
Preisveränderung	%			-5,0%	-10,0%	-10,0%
SMS						
Inland	EUR / SMS	0,25	0,25	0,24	0,23	0,21
Preisveränderung	%			-5,0%	-5,0%	-5,0%
Ausland	EUR / SMS	0,50	0,50	0,48	0,43	0,38
Preisveränderung	%			-5,0%	-10,0%	-10,0%
PREPAID						
Sprache						
Inland						
Tagsüber (6:00 - 24:00)	EUR / Minute	1,00	1,00	0,95	0,88	0,80
Preisveränderung	%			-5,0%	-7,0%	-10,0%
Nachts (0:00 - 6:00)	EUR / Minute	0,50	0,50	0,48	0,45	0,41
Preisveränderung	%			-5,0%	-5,0%	-10,0%
Ausland	EUR / Minute	0,80	0,80	0,76	0,68	0,62
Preisveränderung	%			-5,0%	-10,0%	-10,0%
SMS						
Inland	EUR / SMS	0,50	0,50	0,48	0,45	0,43
Preisveränderung	%			-5,0%	-5,0%	-5,0%
Ausland	EUR / SMS	0,75	0,75	0,71	0,64	0,58
Preisveränderung	%			-5,0%	-10,0%	-10,0%

Die mögliche Preisreduzierung ist bereits als relatives Steuerungselement in die Strukturierung eingearbeitet (Veränderung ggü. Vorjahr).

Die Nutzung ist aufgrund der Tarifstruktur nach Nutzungsart zu differenzieren in

- Sprachnutzung je nach Tageszeit
- SMS je nach Tageszeit

Die jeweilige Nutzungsart hat ihre eigene Einheit und damit eine Nutzungsintensität, die
sich unterschiedlich auf die Erlösherleitung und Kapazitätsbelastung auswirkt.

Bei der Sprachnutzung ist zusätzlich nach Zielort (Inland oder Ausland) zu unterschie-
den. Somit ergeben sich für die Sprachnutzung unterschiedliche Differenzierungen, die in
einem Modul „Nutzung" abzubilden sind.

NUTZUNG		2001	2002	2003	2004	2005
Mobilfunk		IST	IST	PLAN	PLAN	PLAN
	UNIT	abs	abs	abs	abs	abs
POSTPAID	pro Kunde					
Sprache	Minuten / Monat	130	150	170	180	190
Inland	Minuten / Monat	120	140	155	165	175
Tagsüber (6:00 - 24:00)	Minuten / Monat	100	120	130	135	140
Nachts (0:00 - 6:00)	Minuten / Monat	20	20	25	30	35
Ausland	Minuten / Monat	10	10	15	15	15
SMS	SMS / Monat	25	30	35	40	45
Inland	SMS / Monat	20	25	30	30	35
Ausland	SMS / Monat	5	5	5	10	10
PREPAID	pro Kunde					
Sprache	Minuten / Monat	40	42	45	45	45
Inland	Minuten / Monat	30	32	35	35	35
Tagsüber (6:00 - 24:00)	Minuten / Monat	20	22	25	25	25
Nachts (0:00 - 6:00)	Minuten / Monat	10	10	10	10	10
Ausland	Minuten / Monat	10	10	10	10	10
SMS	SMS / Monat	12	12	14	17	20
Inland	SMS / Monat	10	10	12	15	17
Ausland	SMS / Monat	2	2	2	2	5

Die geplante Nutzungszeit ist als Input definiert, da die strategischen Planer diese Entwicklung als stichhaltige Prognose klassifiziert haben.

Im nächsten Schritt ist die Kundenentwicklung zu planen, um zu den gesamten Nut-
zungsminuten als Grundlage der Umsatzberechnung zu gelangen.

KUNDEN Mobilfunk		2001	2002	2003	2004	2005
		IST	IST	PLAN	PLAN	PLAN
	UNIT	abs	abs	abs	abs	abs
KUNDEN						
GESAMT						
Anfangsbestand	#	280.000	400.000	600.000	910.200	1.470.570
Wachstumsquote	%		50,0%	51,7%	61,6%	80,5%
Endbestand	#	400.000	600.000	910.200	1.470.570	2.653.998
Netto-Neukunden	#	120.000	200.000	310.200	560.370	1.183.428
Durchschnittskunden	#	340.000	500.000	755.100	1.190.385	2.062.284
Postpaid Anteil Bestand	%	20,0%	31,0%	40,9%	50,6%	61,7%
Prepaid Anteil Bestand	%	80,0%	69,0%	59,1%	49,4%	38,3%
KUNDEN						
Postpaid						
Anfangsbestand	#	80.000	80.000	186.000	372.000	744.000
Wachstumsquote	%		132,5%	100,0%	100,0%	120,0%
Endbestand	#	80.000	186.000	372.000	744.000	1.636.800
Netto-Neukunden	#	0	106.000	186.000	372.000	892.800
Durchschnittskunden	#	80.000	133.000	279.000	558.000	1.190.400
Prepaid						
Anfangsbestand	#	200.000	320.000	414.000	538.200	726.570
Wachstumsquote	%		29,4%	30,0%	35,0%	40,0%
Endbestand	#	320.000	414.000	538.200	726.570	1.017.198
Netto-Neukunden	#	120.000	94.000	124.200	188.370	290.628
Durchschnittskunden	#	260.000	367.000	476.100	632.385	871.884

Das Kundenwachstum ist eine der wesentlichen Driving Forces und definiert mit den Startpunkten aus dem IST die weitere Entwicklung. Auch bei der Kundenentwicklung ist eine relative Veränderungslogik implementiert worden, um Variationen des Business Case für diese Driving Force zu ermöglichen.

Erst in einem finalen Schritt kann der Umsatz und damit die Netznutzung hergeleitet werden. Es ist zu berücksichtigen, dass bei den Postpaid-Tarifen eine monatliche Grundgebühr erhoben wird.

In einem weiteren Schritt müssen die identifizierten Einflussgrößen (in ihren Mengeneinheiten) in ihrer Logik mit den Wertgrößen verknüpft werden. Das sind relativ einfache Verknüpfungen, wie additive oder multiplikative Operationen, oder aber auch komplexere Berechnungsregeln.

UMSATZ Mobilfunk	UNIT	2001 IST abs	2002 IST abs	2003 PLAN abs	2004 PLAN abs	2005 PLAN abs
UMSATZ						
GESAMT						
Umsatz	T EUR	140.240	218.512	352.695	604.908	1.087.484
Postpaid	T EUR	31.040	53.998	121.004	285.912	583.022
Grundgebühr	T EUR	19.200	31.920	67.853	153.941	279.525
Telefonie	T EUR	4.640	8.113	19.225	42.493	91.999
SMS	T EUR	7.200	13.965	33.926	89.478	211.498
Prepaid	T EUR	109.200	164.514	231.691	318.996	504.462
Grundgebühr	T EUR	0	0	0	0	0
Telefonie	T EUR	102.960	154.140	206.247	253.763	314.883
SMS	T EUR	6.240	10.374	25.445	65.233	189.579
Ø - KUNDEN						
Ø Kunden Postpaid	#	80.000	133.000	297.600	675.180	1.552.914
Ø Kunden Prepaid	#	260.000	367.000	476.100	632.385	871.884
Ø Kunden	#	340.000	500.000	773.700	1.307.565	2.424.798
UMSATZ						
Postpaid		31.040	53.998	121.004	285.912	583.022
Grundgebühr	T EUR	19.200	31.920	67.853	153.941	279.525
Sprache	T EUR	4.640	8.113	19.225	42.493	91.999
Inland	T EUR	4.400	7.714	17.953	39.895	86.622
Tagsüber (6:00 - 24:00)	T EUR	4.000	7.182	16.539	36.239	77.792
Nachts (0:00 - 6:00)	T EUR	400	532	1.414	3.656	8.829
Ausland	T EUR	240	399	1.272	2.598	5.377
SMS	T EUR	7.200	13.965	33.926	89.478	211.498
Inland	T EUR	4.800	9.975	25.445	54.841	139.800
Ausland	T EUR	2.400	3.990	8.482	34.637	71.698
Prepaid	T EUR	109.200	164.514	231.691	318.996	504.462
Grundgebühr	T EUR	0	0	0	0	0
Sprache	T EUR	102.960	154.140	206.247	253.763	314.883
Inland	T EUR	78.000	118.908	162.826	201.857	250.475
Tagsüber (6:00 - 24:00)	T EUR	62.400	96.888	135.689	167.614	207.984
Nachts (0:00 - 6:00)	T EUR	15.600	22.020	27.138	34.244	42.491
Ausland	T EUR	24.960	35.232	43.420	51.906	64.408
SMS	T EUR	6.240	10.374	25.445	65.233	189.579
Inland	T EUR	4.800	7.980	20.356	54.841	135.806
Ausland	T EUR	1.440	2.394	5.089	10.391	53.774
NUTZUNG						
Postpaid						
Telefonie	T Min.	124.800	239.400	607.104	1.458.389	3.540.644
SMS	T SMS	24.000	47.880	124.992	324.086	838.574
Prepaid						
Telefonie	Min.	124.800	184.968	257.094	341.488	470.817
SMS	SMS	37.440	52.848	79.985	129.007	209.252
Telefonie	Min.	249.600	424.368	864.198	1.799.877	4.011.461
SMS	SMS	61.440	100.728	204.977	453.093	1.047.826
KPIs						
Umsatz pro Kunde						
Postpaid	EUR / Jahr	388,00	406,00	406,60	423,46	375,44
Prepaid	EUR / Jahr	420,00	448,27	486,64	504,43	578,59
Postpaid	EUR / Mon	32,33	33,83	33,88	35,29	31,29
Prepaid	EUR / Mon	35,00	37,36	40,55	42,04	48,22

Zeitfracht Medien GmbH
Ferdinand-Jühlke-Straße 7
99095 Erfurt, Deutschland
produktsicherheit@kolibri360.de